KB121625

사업은
사람이
전부다

Konosuke Matsushita

경영의 신 마쓰시타 고노스케

사업은 사람이 전부다

마쓰시타 고노스케 지음
이수형 옮김 | 최동석·유정식·최인한 추천

중앙경제평론사

이 책의 출간에 앞서

'일본이 낳은 경영의 신' 마쓰시타 고노스케松下幸之助는 오랜 기간 사업을 해오면서 인재 육성과 활용법에 대해 끊임없이 고민했다. 창업 초기 마쓰시타는 고객사를 순회하는 자사 직원에게 이렇게 말한 적이 있다.

"만일 고객들이 마쓰시타 전기松下電器, 파나소닉의 이전 회사명가 무엇을 만드는 회사냐고 물으면, 제품이 아닌 사람을 만드는 곳이라고 답하게나."

바로 이 지점에서 우리는 사람, 즉 인재를 대하는 마쓰시타의 생각을 엿볼 수 있다.

현재 글로벌 가전기업으로 널리 알려진 파나소닉Panasonic

의 모습과 달리, 1918년 창업 당시만 해도 마쓰시타 전기는 마쓰시타와 아내 무메노むめの, 그리고 처남 이우에井植, 훗날 산요그룹 창업 등 총 3명으로 시작한 영세기업이었다. 그로 인해 설립 초기에는 우수한 인재를 구하기 어려웠다.

하지만 그런 어려움 속에서도 마쓰시타는 결코 실망하거나 포기하지 않았다. 그는 어렵게 찾은 사람을 키워 썼고, 또 그들의 능력을 최대한 살렸다. 그는 수많은 시행착오를 거치며 인재 활용에 대한 비법을 익힐 수 있었다. 여기 그 일단을 보여주는 에피소드가 하나 있다.

1936년 마쓰시타 전기가 9개 회사로 나뉘는 '분사제分社制'를 대외적으로 공포할 때의 일이다. 분사되는 9개사 중 하나인 마쓰시타 건전지松下乾電池에 그 해 배속된 신입사원 30여 명이 사내 강당에 모였다.

이들은 사장인 마쓰시타에게 분사제와 관련된 설명을 직접 듣고자 모인 것이다. 그때 '소감이나 의견을 말해보라'는 사회자의 말에 신입사원 1명이 연단으로 뛰어 올라

갔다. 그러곤 회사에 대한 불만을 털어놓기 시작했다.

"저는 이 회사를 관두려 합니다. 마쓰시타 전기는 아무리 생각해도 별로인 회사 같습니다."

갑자기 장내가 술렁였다.

"왜 그렇게 생각하는가?"

이를 담담히 듣고 있던 마쓰시타가 의문스레 물었다.

그러자 그는 '자신은 아마추어 무선 자격증이 있어 입사 때부터 무선 관계 업무를 지망했다'고 답했다. '재학 중 마쓰시타 무선松下無線 쪽의 전무가 찾아와 졸업 후 입사하면 반드시 무선 부문에 넣어주겠다고 했지만, (그 말과 달리) 입사 후 마쓰시타 건전지로 배속되어 불만'이라는 것이다. 그러면서 '이런 방식은 아무리 생각해도 불합리하다'고 마쓰시타에게 직접 항의했다.

무표정한 얼굴로 이야기를 계속 듣고 있던 마쓰시타가 "그래? 혹시 지금 자네는 무슨 일을 하고 있는가?"라고 묻자, 그 신입사원은 '매일 조합장에서 시커먼 먼지를 뒤집어쓰면서 실습하고 있다'고 답했다. 조합장調合場은 건전지의 내용물인 흑연과 이산화망간 등을 조합하는 곳으로, 당시에는 얼굴이며 손, 작업복 할 것 없이 시커메져 사내에서 가장 더럽고 힘든 작업장 중 하나로 간주되고 있었다.

그러자 마쓰시타는 이렇게 말했다.

"자네 생각과 달리 나는 자네가 굉장한 곳에 왔다고 생각하는데……. 마쓰시타 전기는 충분히 좋은 회사야. 자네, 속았다 생각하고 한 10년만 참고 그 일을 해볼텐가. 10년 정도 참았는데도 만일 지금과 같은 심정이라면 날 찾아오게. 찾아와서 내 머리를 한 대 쥐어박으며 '이봐, 마쓰시타, 당신이 내 청춘 10년을 망쳐버렸어'라고 말한 뒤 관둬도 좋네. 물론 나는 안 맞을 거라는 확신이 있네만……."

20여 년 뒤 그 신입사원은 어떻게 되었을까. 바로 그가 속한 건전지 공장의 공장장이 되었다.

조직에서 인재 배치는 매우 어려운 일이다. 모든 임직원은 각자의 적성과 자기 나름의 희망사항을 안고 있다. 하지만 조직 쪽에 서보면 마찬가지로 다양한 사정이 있고, 또 반드시 구성원 본인의 기대나 적성대로만 배속할 수 없다. 경영자라면 항상 그런 어려움을 느끼며, 모든 인재를 적재적소에 배치해 그 자질이나 능력을 최대한 발휘토록 해야 한다.

이 에피소드에 나온 마쓰시타의 발언도 나름의 의도와 확신이 있었던 것처럼 보인다. 물론 신입사원이 스스로 원했던 인사는 아니다. 하지만 그가 그 인사를 받아들이고 정진해나간 끝에 해당 부문의 책임자로 성장한 것을 보면, 결과적으로 마쓰시타의 판단이 틀리지 않았다는 점을 알 수 있다.

한 명 한 명의 능력과 가능성을 살려 조직을 원활히 기능하도록 만들기 위해 '어떻게 사람을 쓰고, 어떻게 움직이며, 어떻게 능력을 살려야 할까.' 이 책에서 마쓰시타는 자신만의 풍부한 경험담이나 역사적 인물의 사례를 들어 사람에 대한 관점과 사고의 본질을 말한다.

또 실질적인 내용뿐 아니라 '사람이란 도대체 어떤 존

재인지' 마쓰시타만의 인간관에 대해서도 언급하고 있다. 이 책이 마쓰시타처럼 사람 전문가를 지향하며, 인재 경영을 추구하는 경영자나 관리자들에게 도움이 될 수 있다면 더없이 기쁠 것 같다.

PHP연구소 경영이념연구본부

들어가며

'사업은 사람이 전부'라는 말을 자주 듣곤 한다. 이는 내 직무 경험에 비춰 봐도 100% 맞는 말이라고 생각한다. 사업은 사람을 중심으로 발전해가며, 그 성패는 적절한 사람을 얻고 쓰는 것과 밀접하게 연관되어 있다.

아무리 전통 있는 회사라도, 혹은 좋은 아이템을 가진 사업이라도 그 전통과 아이템을 담당할 인재를 찾지 못하면 금세 쇠퇴하고 만다. 그래서 어떤 회사든 소위 '인재 양성'을 가장 중요한 일로 여기며 '사람을 찾고, 키우고, 능력을 살려 쓰는' 데 심혈을 기울인다. 그리고 그런 과정을 성공시킨 회사가 실적을 늘리고 더더욱 발전할 수 있다.

하지만 사람이란 참 복잡미묘한 부분이 있어서 다룰 때 상당히 까다로운 면을 갖고 있다. 사람은 한 명 한 명 모두 다르며, 같은 사람이라도 그 마음이 시시각각 변한다. 수학이라면 1 더하기 1은 반드시 2가 되지만 사람의 마음은 꼭 그렇지 않다. 3이 되거나 5가 될 수 있고, 경우에 따라서는 0이나 마이너스가 되기도 한다. 정말 사람만큼 어려운 존재도 없어 보인다.

물론 관점을 조금 바꿔보면 시시각각 변하는 사람 마음, 또 그 묘미라는 게 상당히 재미있다. 기계의 경우 스위치를 켜면 정해진 대로 움직이지만 그 이상을 하지는 못한다. 하지만 지금 이 순간에도 수십, 수백 번씩 마음이 바뀌는 사람은 하는 방법에 따라, 생각하는 방법 여하에 따라 그 잠재력을 무한대로 끌어내 발휘시킬 수도 있다. 나는 바로 이 지점에 사람의 재능을 살리는 묘미가 있다고 생각한다.

나 자신도 오늘날까지 60여 년간 살아오며 계속 사람

을 쓰는 입장에서 일했다. 특히 내 경우 이미 수차례에 걸쳐 이야기했듯, 학문이나 지식이 부족하고 몸도 약해 사람을 잘 쓰고 그 사람에게 적절하게 맡기는 형태로 일을 해왔다. 기본 바탕이 되는 방침, 목표 같은 건 제시하지만 이후에는 각 담당자에게 믿고 맡겨 그 사람만의 자주성을 끌어내도록 한다. 나는 그런 과정을 비교적 이른 시기부터 오늘날까지 지속해왔다.

그런 노력들이 결과적으로 큰 힘을 발휘했고, 그 덕에 실적이 오른 회사는 크게 성장할 수 있었다. 보기에 따라 굉장한 성공사례처럼 비춰질 수도 있다.

이를 두고 '당신은 남다른 용인술이 있는 것 같다'고 호평해준 이들도 있지만, 사실은 조금 다르다. 나는 '그저 필요에 따라 적절한 사람에게 일을 맡긴 게 성공으로 이어졌을 뿐'이라며 대수롭지 않게 여긴다.

그리고 '사람을 쓴다' 해도 그건 내가 창업자이면서 계속 사장, 회장이라는 입장에 있었기 때문에 형태상 그리 보일 뿐, 관점에 따라서는 '내가 (한 사람의 임직원으로) 쓰임 받아왔다'고도 할 수 있다. 사원들이 '나'라는 경영자를 잘 사용해줬기 때문에 좋은 성과를 거둔 것이다.

　60년 가까이 그런 입장에서 일하다 보니 개개인이 가진 매력, 그리고 사람 마음이 갖는 어떤 묘미를 체득하게 되었다. 나는 여러 사람을 쓰고 그들의 능력을 살리는 과정을 거치며 나름의 노하우를 터득할 수 있었다. 이 책은 바로 그 과정 중 사람 문제에 대해 나 자신이 직접 체험하고 생각해온 것들의 일단을 정리해둔 결과물이다.

　물론 여기에서 말한 건 어디까지나 내 나름의 방식이자 사고법이다. 따라서 다른 사람이 그대로 했을 때 생각만큼 잘 안 될 수도 있다. 하지만 그것을 개개인이 가진 능력에 입각해 취사선택하고, 이를 각자의 현실에 맞춰 소화한다면 어떤 참고 정도는 되지 않을까. 그런 기대에 부응할 수 있다면 더없이 기쁠 것 같다.

마쓰시타 고노스케

차례

1장
사람을 쓰다

4장
사람을 살리다

5장
사람이란 무엇인가

1장

사람을 쓰다

01
사람을 쓰는 건 공적인 일이다

사람을 쓴다는 건 곧 사회에 공헌하기 위함이다. 그런 인식이 있을 때 비로소 '질책할 때는 질책하고, 바로잡을 때는 바로잡아야 한다'는 신념도 생긴다.

이 세상에는 수많은 기업이 있다. 작게는 개인 상점부터, 크게는 수십만 명의 직원이 소속된 대기업까지 업종도, 규모도 다양하다.

그중 국가나 지자체가 출자한 기업을 '공기업公企業'으로, 그 외 민간기업이나 상점을 '사기업私企業'으로 부르는 게 보통이다. 확실히 '누가 출자했느냐'의 관점에서 보면 개인 상점은 물론, 수많은 주주를 가진 주식회사도 모두 사기업임에 틀림없다. 법률적으로도 그 기업은 '출자한 개별 주주들의 소유물'이다.

하지만 형태상, 혹은 법적으로는 사기업이라 해도 '본질적으로는' 이들 전부를 공기업이라 할 수 있지 않을까. 바로 '모든 기업이 공공을 위해, 또 사회를 위해 존재한다'는 점 때문이다.

마을의 채소가게를 예로 들어보자. 기본적으로 채소가게의 비즈니스는 운영 당사자의 생계를 위해 이뤄진다. 하지만 조금 다른 관점에서 보자면 마을 사람들은 채소가게가 있음으로써 '언제든, 쉽게, 필요한' 채소를 구할 수 있다. 만일 채소가게가 없다면 사람들은 스스로 재배하든, 아니면 어딘가의 농가까지 직접 사러 가야만 한다. 어느 쪽이든 오늘날의 도시 생활에서는 거의 불가능에 가까운 일이다.

가령 그것이 가능하다 해도 그만큼의 수고와 시간이 소요된다. 이를 금전으로 환산할 경우 상당히 비싼 채소가될 것이다. 그러므로 채소가게의 비즈니스는 어떤 면에서 가게 주인의 생계를 위해 이뤄진다고 볼 수 있지만, 보다 큰 관점에서 보면 마을 사람들이 찾는 채소를 보다 저렴하고 편리하게 공급하기 위해 존재하는 공공물이라고도 할 수 있다. 결국 채소가게는 사기업이면서, 동시에 공기업적인 성격을 띠는 것이다.

이처럼 영세한 채소가게라 할지라도 공공 기업, 소위 '사회의 공기公器'라 할 수 있다. 이는 생선가게든, 이발소든 마찬가지다. 하물며 거액의 자본을 모아 광대한 토지를 점유하며, 다수의 임직원을 안고 사업하는 대기업은 형태상으로 주식회사, 사기업일지라도 그 본질 속에는 '세상의 것, 사회의 공기'라는 요소가 담겨 있다.

'사람을 쓴다'는 의미를 생각할 때 가장 중요한 건 '기업은 사회의 공기'라는 인식, 즉 '기업의 공공성'이라고 생각한다. 이 같은 인식 없이는 사람의 재능을 제대로 살려 쓸 수 없다.

상호 간의 비즈니스로 이뤄진 사업은 나를 위해, 단지 자신만의 이익을 위해 존재하지 않는다. 사람들의 생활을 향상시켜 사회를 더욱 발전시키기 위해 존재한다. 그렇게 세상에 공헌해가는 과정 속에서 자신의 일, 자신의 비즈니스가 갖는 존재 의의가 있다. 경영자는 바로 이런 점을 반드시 자각해야만 한다.

그렇게 '기업이 공기'라는 인식을 가지면, 그 기업 활동에 사람을 쓰는 것도 모두 공적인 일이 된다. 한 개인의 이익만을 위해 사람을 쓰는 게 아니라, 세상에 보다 도움이 되기 위해 다른 사람에게도 협력을 구하는 것이다.

가령 채소가게가 점원을 1명 고용했다고 치자. 그건 그 가게 주인이 단지 자기만 좋으려고 고용한 게 아니다. 손님이 많아 가게 안은 항상 붐빈다. 이에 따라 주인 혼자서는 모두 응대할 수 없어 손님들이 기다려야만 했다.

이런 상황에서 무작정 기다려야 하는 불편이 없도록 주인은 점원에게 도움을 얻는다. 손님이 채소를 많이 사서 직접 가져가기 힘들 경우에는 배달까지 해준다. 즉, 가게 주인은 점원들을 고용해 손님이 필요로 하는 서비스를 제공한다. 그것이 결과적으로는 고객들의 만족을 얻고 가게의 번창으로도 이어지는 것이다.

이는 수많은 직원을 고용하는 대기업에서도 마찬가지

다. 수만 명이 일하는 대기업에는 실로 다양한 직종이 있다. 그 어떤 업무도 혼자 다할 수는 없다. 모두 다 그 기업이 사업을 통해 사회에 공헌하는 과정 중 필요한 일들이다. 그 필요한 일들을 위해 기업이 사람을 쓰는 것이다. 그러므로 형태상으로는 경영자가 사람을 고용하고 상사가 부하를 써도, 실제로는 기업으로서의 공적인 사명을 달성하기 위해 각각의 필요한 일을 분담하는 것이나 다름없다.

다만 회사의 직책 구조는 조직 전체가 보다 원활하게 운영되기 위해 형태상 사용자와 피사용자의 입장으로 치환된 데 지나지 않는다. 이와 별개로 사람을 쓰는 건 어디까지나 나를 위해서가 아니라, 공공을 위한 일이다.

이처럼 '사람을 쓰는 게 공적인 일'이라고 생각하면 비로소 그 지점에 '하나의 신념'이 생긴다. 사람을 써서 일을 하다 보면 때때로 질책하거나 주의를 줘야 할 때가 있다. 사실 그런 일들은 듣는 입장에서도 싫고, 하는 쪽에서도 별로 내키지 않는 게 인지상정이다. 그래서 귀찮다는 이유로, 또 하기 싫다는 이유로 피하는 경우가 대부분이다.

하지만 '기업은 사회의 공기이며, 사람을 쓰는 게 공적인 일'이라 생각한다면 사적인 인정에 지나치게 얽매여서는 안 된다. 그래서 신념을 가져야 할 일을 말할 때 말하고 질책해야 할 때는 질책해야 한다. 바로 그 지점에서 기업이 갖는 저력도 발휘될 수 있다.

이와 동시에 단지 사적인 감정으로 사람을 질책하거나 처우해서도 안 된다. 물론 사람인 이상 그런 일들을 완전히 없앤다는 건 불가능할지 모른다.

하지만 사적인 감정에 좌우되지 않도록 항상 신경 쓰는 마음가짐 자체가 필요하고 또 중요하다. 어디까지나 사회의 공기로서 기업이 가진 사명에 비춰보고, 항상 무엇이 바른지를 생각하면서 사람을 쓰는 데 심혈을 기울여야 한다.

그런 마음가짐을 일상적으로 기르다 보면 마침내 신념을 갖고 사람을 쓸 수 있다. 가령 질책하거나 주의를 줘야 할 일이 있어도 상사가 그런 마음가짐에 입각한다면, 대부분의 부하는 별다른 불만이나 저항 없이 '오히려 기꺼이' 받아들이게 된다.

사실 그렇지 않은 모습을 많은 기업에서 볼 수 있다. 지나치게 엄격히 대하거나, 때로는 제정신이 아닌 사람처럼 성질을 내기도 한다.

하지만 대부분의 부하는 사사로운 감정에 치우치지 않고 질책하는 상사의 모습에 오히려 감복하고 하나의 인격체로서도 성장한다. 그런 사례는 우리 주변에서도 자주 볼 수 있다. 결국 그건 그 사람이 사심에 따라 질책하지 않고, 공적인 입장에 입각해 질책하기 때문에 가능한 일이다.

사람을 쓰는 경우 우선 이 상호 비즈니스, 상호 업무가 공적인 일이라는 확고한 인식을 갖는 데서 비로소 첫걸음을 내디딜 수 있다.

02
걱정하는 게 사장의 일이다

때로는 걱정 때문에 잠을 못 자고 피가 멎는 것 같은 느낌을 받을 때도 있다. 하지만 나는 그다음 순간에 사장으로서 느끼는 보람이 있다고 생각한다.

나는 사장으로 일할 때 사내 직원들에게 항상 이런 이야기를 하곤 했다.

"모두들 업무상 걱정되는 일이 있다면 주저 말고 나한테 말해주게나. 원래 사장이라는 게 걱정하는 역할이거든. 걱정이 곧 사장의 일인 셈이지.

작은 걱정은 과장이 하지. 그리고 그보다 조금 더 큰 걱정은 부장이 하겠지. 하지만 '진짜 큰일'이라고 느낄 걱정은 사장인 내가 해야지. 그래서 사장이 제일 많은 월급을 받는 게 아니겠나. 일종의 걱정 대가랄까.

그래서 걱정이 있다면 언제든 주저 말고 말해주게나. 정말 사소하다고 느끼는 일이라면 굳이 나한테 말 안 해도 좋네. 혹은 일이 다 끝나고 나중에 말해줘도 좋아. 하지만 '진짜 걱정'이라고 느끼는 일은 모두 사장에게 말해주게나. 걱정하기 위해 사장은 존재하며, 사장은 그것을 위해 죽어도 일종의 명예로운 전사戰死가 아니겠는가."

경영은 말하자면 '살아있는 생물'이며, 사회 정세나 환경도 끊임없이 변해간다. 그러므로 기업의 경영 과정에는 시시각각이라 해도 좋을 만큼 여러 문제가 발생한다. 이에 따라 각 부서의 걱정거리도 하나둘 늘어난다. 하지만 나는 그것이 당연하며, 오히려 아무 걱정도 없는 게 이상하다고 생각한다.

그런 걱정은 물론 각 부서의 책임자가 안게 되는 경우도 있지만, 최종적인 걱정은 반드시 사장이 해야 한다. 나는 항상 그렇게 생각했다.

하지만 실제로는 그런 걱정을 각 부서에서만 하고 사장까지 오지 않는 경우가 대부분이다. 굳이 사장에게 말하지 않고도 일이 잘 풀리면 좋겠지만, 그런 경우는 많지 않다. 각 실무자들 입장에서 보면 '사장도 바쁘고 이런 쓸데없는 걱정을 굳이 전할 필요가 있을까' 하는 선의에서 한 일일 테다. 하지만 결과적으로 그런 '쓸데없는 배려'가 도리어 더 큰 걱정으로 돌아오는 경우가 대부분이었다.

그런 점에서 나는 '사장은 걱정하는 사람'이란 점을 기회가 있을 때마다 사원들에게 주지시켰다.

"주저 말고 걱정을 갖고 오게나. 아니, 걱정을 갖고 와야만 하네."

물론 나도 모두가 걱정을 말할 때까지 기다리는 게 아니라, 매일매일의 경영 활동 속에서 스스로 걱정거리를 찾아낸다. 요컨대 회사에서 사장은 가장 걱정해야만 하는 자리이기 때문이다.

사실 이렇게 말하는 건 쉬워도, 막상 걱정해보면 그 나름의 고충도 있고 결코 그 자체를 즐길 일도 아니다. 아랫사람에게 걱정을 전달받으면 역시 그날은 고민에 밥 생각마저 사라질 정도다.

특히 나는 신경이 다소 예민한 구석이 있어 이것저것 생각하다 저녁에 잠도 못 이룰 때가 많았다. 그 결과 갑자기 피가 멎는 것 같은 느낌을 받은 적도 한두 번이 아니었다. 실제로 '이거 너무 심한데……' 하며 혼자 끙끙 앓다 혼절한 적도 많았다.

하지만 다음 순간 '이런 걱정으로 피가 멎기도 하는 게 사장으로서 내 일 아니겠는가. 그리고 그 지점에서 사는 보람을 느낄 수 있지 않을까' 하고 생각을 고쳐먹었다.

'사장이 아무 걱정도 없이, 그저 희희낙락하면 도대체 어디에서 사장의 보람을 찾을 수 있겠는가. 그럴 거면 차라리 사장직을 관두는 게 낫다. 걱정이 없으면 내가 사는 보람이 없어지는 거나 마찬가지다.'

나는 항상 그렇게 생각하며 스스로를 채찍질했다.

이 같은 과정을 통해 스스로도 용기가 생긴다. 걱정이 아니라 '이 난관을 어떻게 극복하면 좋을까' 하는 생각에서 지혜를 짜낸다.

막연히 걱정만 할 때는 사소한 지혜도 나오기 어렵지만, 이를 바꿔 생각해보면 도리어 기대치 않던 아이디어가 나오기도 한다. 그래서 어제는 걱정으로 밥 한 숟가락 들지 못했지만, 그 걱정이 사는 보람으로 바뀌면 이번에는 쌀 한 톨도 특별하고 맛있게 느껴진다. 지금껏 나는 그런 마음가짐으로 일해 왔다.

결국 이 명제는 사장 1명에 그치지 않고, 책임자 입장에 있는 모든 이가 해당된다고 할 수 있다. 회사에서는 사장의 걱정이 가장 많아야 한다. 왜냐하면 바로 그 지점에 사장으로서 느끼는 보람이 있기 때문이다. 마찬가지로 100명의 직원이 소속된 부部라면 그 100명 중 부장이, 또 10명의 과課라면 팀원 10명 중 과장의 걱정이 가장 많아야 한다.

'걱정이 많다'는 건 어떤 면에서 괴롭고 힘든 일이다. 내 경우에는 식사도 제대로 못하고 저녁에 잠도 못 자는 날들이 허다했다. 하지만 거기에서 내가 사는 보람을 찾는다면 어떨까. 그런 것을 전혀 느끼지 못하는 사람이라면, 조금 심하게 들릴지 몰라도 부장이나 과장 직책에 어울리지 않는 사람이다. 아무리 몇 사람 안 되는 조직에서

사람을 쓰는 입장이더라도 그런 책임감을 항상 가져야
한다.

물론 사람을 쓰는 역할을 맡지 않는다면 그런 걱정 따
윈 할 필요도 없다. 그 걱정은 감내해야 할 누군가가 하겠
지만, 대신 그 사람은 그만큼의 보람을 느끼기 어려울지
모른다.

나는 사람이 정말로 대단한 존재라고 생각한다. 걱정이
있을 때 괴롭고 힘든 면도 있지만, 반대로 그것을 극복하
며 보람을 느끼고 성장해가는 존재이기 때문이다. 그렇게
봤을 때 걱정하는 게 사람을 쓰는 사람이 가져야 할 가장
중요한 마음가짐이라 할 수 있다.

03
사람을 얻는 건 운명이다

누구든 좋은 사람만 모아 일하고 싶어 한다. 하지만 현실상 그렇지 않은 게 대부분이며, 또 그럼에도 일은 충분히 잘해 나갈 수 있다.

누구나 사업을 하다 보면 좋은 사람을 원한다. 그래서 어떻게든 좋은 사람을 찾기 위해 노력한다. 그렇게 노력하다 보면 어느 정도는 기대에 부응하는 이들이 모이겠지만, 기대치에 못 미치는 경우도 적지 않다. 또 내 힘만으로는 어쩔 수 없는 경우 역시 대부분이다.

이전에도 그런 부분에 대해 오다 노부나가織田信長[1]와 도

---

1. 일본의 전국시대를 평정한 인물로, 아즈치 모모야마 시대를 연 무장이자 다이묘(大名, 지방 영주)다. 훗날 도요토미 히데요시, 도쿠가와 이에야스와 함께 '일본의 3대 영걸'로 불린다.

요토미 히데요시豊臣秀吉[2]의 사례를 들어 이야기한 적이 있다. 관점에 따라 조금씩 다를지 모르지만, 노부나가의 가신 중 가장 뛰어난 부하라면 대부분 히데요시를 떠올릴 것이다. 대개 '노부나가 혼자 천하를 평정했다'고 여기지만, 그 과정에서 히데요시가 누구보다 적극 노부나가를 도왔다는 사실을 잊어선 안 된다. 노부나가의 과업은 히데요시라는 인물을 얻으며 훨씬 더 수월하게 진척되었다고도 볼 수 있다.

하지만 나는 히데요시를 얻은 게 노부나가의 의지 때문은 아니었다고 생각한다. 물론 노부나가는 천하를 꿈꾸던 리더였기에 훌륭한 사람을 얻으려는 의지가 강했을 것이다. 그래서 히데요시처럼 훌륭한 부하를 누구보다 갈망하고 원했으리라.

하지만 당시 히데요시가 노부나가에게 충성을 다한 건 히데요시의 의지와는 무관했다. 확실히 노부나가는 일개 '신발 정리꾼무로마치 시대 이후 무가에서 주인의 짚신을 들고 따라다니던 하

---

2. 오다 노부나가에 이어 일본 전역을 통일한 무장이자 다이묘로, 우리에게는 임진왜란을 일으킨 장본인으로 악명이 높다.

인-옮긴이'에 지나지 않던 히데요시를 발탁하고 중용했지만, 둘 사이의 운명은 단지 사적인 의지 때문이 아니었다고 생각한다.

이는 상호 간의 사업에도 똑같이 적용할 수 있다. 누구나 좋은 책임자를 원하고 훌륭한 간부를 원한다. 하지만 그런 바람은 단순히 의지만 있다고 쉽게 이룰 수는 없다. 그것은 일면 상호 간의 힘이 미치지 않는 곳에도 존재한다.

한쪽에서만 노력한다고 쉽게 이룰 수 없다. 말하자면 그 사이에는 어떤 운명 같은 게 작용한다. 좋은 사람을 원한다 해도 그 성공 여부는 온전히 자신의 힘만으로는 불가능하며, 그 외 여러 요소들이 복합적으로 작용한다.

다만 그러한 의지, 좋은 사람을 원하는 마음만큼은 항상 가져야 한다. 노부나가가 히데요시를 얻을 수 있었던 것도 그가 누구보다 열정적으로 인재를 찾았기 때문이다. 그래서 한 조직의 리더나 책임자라면 그런 의지만은 잊지 않고 가져야 하지만, 이후에는 '운에 맡긴다'는 의연한 자세가 무엇보다 필요하지 않을까.

나 자신도 지식과 재능이 모자랐기 때문에 항상 좋은 사람을 원했고 또 찾아왔다. 하지만 내가 100% 원하는 사람은 좀처럼 구하기 어려웠다. 또 실제로 그런 재능을 가진 사람도 한두 번 봐서는 알기 어렵다. 3년이 걸리거나 5년, 10년은 지나봐야 그 사람의 진가를 알 수 있는 경우가 많았다.

따라서 사람을 찾는 일에 대해 지나치게 걱정할 필요는 없다. 어느 정도 상식을 갖고 판단한 뒤, 이번에는 '운에 맡긴다'는 의연한 자세를 갖는다. 그렇게 찾은 사람을 믿고, 그에게 일을 맡길 뿐이다.

이를 하나의 깨달음이라고 하면 조금 과할지 몰라도, 그런 인식을 통해 도리어 마음이 편안해진다. 그런 마음가짐이 없다면 회사를 경영해가는 과정에 수많은 어려움이 따를 것이다. 옛 속담에 '인사에 최선을 다하고 하늘의 뜻을 기다린다'는 말이 있는데, 나는 그런 마음가짐 자체가 중요하다고 생각한다.

결국 사람은 매우 중요한 존재이지만, 좋은 사람을 찾겠다고 해서 반드시 얻을 수 있는 것도 아니다. 오히려 그

중에는 내 뜻과 전혀 안 맞는 사람도 있다.

가령 10명이 있다면, 그중 2명은 나와 뜻이 같을 거라고 보면 된다. 그리고 6명은 이쪽도 저쪽도 아닌 중립의 상태, 또 나머지 2명은 나의 뜻에 반하는 이들이다. 대개 이런 구도가 일반적이지 않나 싶다.

이심전심으로 통하는 사람, 즉 '사장님은 지금 이렇게 생각하고 있구나', 혹은 '점주가 저렇게 생각하니 나도 저렇게 따라야겠다'고 여기는 사람은 10명 중 2명이다. 반대로 또 다른 2명은 '사장이 동쪽으로 간다는데, 나는 동쪽으로 가기 싫으니까 서쪽으로 가야지' 하는 비뚤어진 마음가짐을 '아무렇지 않게' 갖고 있다. 나머지 6명은 소위 '대세 순응형'이다. 아마 이 정도가 세간 일반의 모습이리라.

어쩌면 그런 구도 자체는 경영자, 관리자 입장에서 별 의지가 안 될지 모른다. 하지만 지금까지 경험한 결과 꼭 그렇지만도 않은 게 사실이다. 물론 10명 중 7, 8명이 내 뜻과 같다면 그것만으로도 충분할 것이다. 이 경우 무엇을 해도 성공하고, 사업을 점점 더 확장해도 괜찮을 것이다. 하지만 실제로는 그런 일이 거의 벌어지지 않는 게 사실이다.

물론 10명 중 10명 모두 나의 뜻에 반하는 최악의 경우도 거의 없다. 상황에 따라 조금 다를 수는 있지만, 대개의 경우 10명 중 2명 정도는 찬성해준다. 마찬가지로 이 경우 2명 정도는 반대할지 모르나, 나머지 6명은 그때그때 상황에 따라 움직인다. 다만 여기에서 꼭 하나 기억해둘 건 '그럼에도 충분히 업무를 잘할 수 있고, 또 적절한 사업 확장도 가능하다'는 점이다.

만일 100명이 있다면 100명 모두 좋은 사람을 원하는 게 인지상정이다. 그 자체가 나쁘다곤 할 수 없지만, 그렇다고 거기에 지나치게 집착하다 보면 도리어 괴로움만 커져 좋지 않은 결과를 낳을 우려가 있다.

100명이 있으면 대개 20명은 회사의 생각을 잘 이해해준다. 경영자나 관리자는 그런 사실을 알고 이에 만족하는 게 중요하다. 그러면 20명이 회사의 생각에 부합하지 않더라도 크게 걱정할 필요가 없다. 그리고 나머지 60명은 그 나름대로 움직여 일할 것이다. 이는 전체적으로 봤을 때 분명 플러스의 결과를 초래한다.

이 같은 내 생각에 다른 의견도 있을지 모른다. 다만 나는 오랜 시간 많은 사람을 써온 경험을 통해 그런 감상을 느꼈고, 그런 깨달음의 과정 속에 안심하고 사람을 써서 사업을 성공시킬 수 있었다는 점만큼은 꼭 밝혀두고 싶다.

반복하게 되지만, 경영자나 관리자 입장에서 좋은 사람을 찾지 말라는 게 아니다. 오히려 너무 찾지 말라는 게 정확한 의미일지 모른다. 열심히 찾다 보면 비로소 좋은 사람을 얻을 수 있다. 다만 제아무리 열심히 찾아도 기대만큼 얻지 못하는 경우 역시 많다. 오히려 그것이 세상사의 이치처럼 보일 때도 많다.

하지만 기대만큼 못 얻었다 해서 너무 괘념치는 말자. '그럼에도 불구하고' 충분히 일은 해나갈 수 있고, 그 사실 자체를 알아두는 게 무엇보다 중요하다고 생각한다.

04
사람을 부린다는 건
사실은 괴로운 일이다

주군에게 절대복종하는 봉건시대에도 '사람을 쓰는 건 괴로운 일'이었다고 한다. 하물며 민주주의인 현대사회에서 사람을 쓰는 건 그 나름의 마음가짐이 필요한 일이다.

신입사원이 회사에 들어왔다고 치자. 당분간 그 사람은 소위 '평사원'으로 일하며 쓰임 받는 입장에 서게 된다. 쓰임 받는 입장에 있다 보면 간혹 쓰는 사람을 부러이 여기는 경우가 있다.

쓰는 쪽에선 '이렇게 해, 저렇게 해'라고 지시할 뿐이지만, 쓰임 받는 쪽에선 '예, 그렇게 하겠습니다'라고 답한 뒤 뭐든 해야 한다. '아, 힘들어. 나도 빨리 사람을 쓰는 쪽에 서야지……' 이런 기분이 드는 것도 인지상정이다.

그렇다면 점점 경험을 쌓아 다른 사람을 쓰는 입장에

서게 되면 어떨까. 지위가 올라가면 월급도 올라간다. 또 부하도 많이 생기고 역할도 커지지만, 그렇다고 모든 일을 엿장수 마음대로 할 수 있는 건 아니다.

옛 속담에 '사람을 부리는 건 (편해 보여도) 사실은 괴로운 일이다'라는 말이 있다. 이 말에는 '사람을 쓰는 건 겉으로 보기에 편해 보여도 여러 가지 어려운 부분이 많다'는 의미를 담고 있다.

옛 봉건시대에는 주군이 말하는 게 곧 절대적이었다. 부하처럼 쓰임 받는 입장에서는 군말 없이 그저 복종해야만 했다. 당시는 주군의 명이라면 죽음도 불사하는 게 도덕처럼 간주되었다. 그래서 주군 입장에서 보면 부하가 뭐든 말만 하면 그대로 따랐으니 편해도 그렇게 편할 수가 없었으리라. 하지만 그런 시대에도 '사람을 부리는 건 괴로운 일이었다'고 한다.

하물며 오늘날은 민주주의가 정착한 시대다. 쓰든 쓰임을 받든 그건 일단 '직장'이라는 공간에서만 통용되는 이야기이며, 기본적으로는 모두가 평등하고 동등하다. 죽음을 불사하긴커녕 상사의 지시가 납득되지 않으면 따르지

40

않거나 때론 거부하는 게 일반적인 풍조가 되었다. 그래서 사람을 쓰기가 옛날보다 더 어려워졌다.

나는 다행히도 예전부터 좋은 상사들을 만나, 말하자면 그 보호 아래서 일할 수 있었다. 그리고 성의를 갖고 상사에게 협력해 새로운 지위에 올랐다. 그래서 어느 순간 많은 부하도 거느리게 되었다. 그럼 그렇게 생긴 부하들이 이전의 내가 그랬듯 성의를 갖고 협력해줬을까.

당연히 그런 사람도 있었다. '새로운 주임이 왔다. 이 사람은 주임으로서 아직 경험이 일천하지만, 나라도 이 사람을 잘 따라야겠다'며 선의를 갖고 따라오는 부하가 있었다.

하지만 그렇지 않은 부하도 틀림없이 있었다. 이들은 '이렇게 하는 게 낫다'고 아무리 지도해도 따르지 않았다. 개중에는 '이번 주임은 건방져. 까다로운 데다 사람을 바보로 만드는 경향이 있어. 만일 나한테 뭐라고 하면 절대 가만있지 않을 거야'라고까지 생각하는 사람도 있었다.

상황이 이렇다면 지위가 높아져도 별로 좋지 않다. 이전에는 하루 업무가 끝나면 '이렇게나 많은 일을 해냈다'는 기쁜 마음과 만족감을 안고서 퇴근했다. 가족과 함께 단란한 시간을 보내며 저녁에 마시는 술 한 잔도 유달리 달았다.

하지만 최근에는 다르다. 나는 이렇게 하려는데 부하가 계속 어깃장을 놓는다. 그런 불편한 생각들이 좀처럼 뇌리에서 떠나지 않는다. 집에 돌아와 우울한 표정을 짓고 있고, 저녁에 마시는 반주 한 잔으로도 기분이 풀리지 않는다. 이처럼 지위가 오르고서야 비로소 알게 되는 괴로움도 있다. 이런 것들도 한 사람이 안게 되는 고민의 또한 모습일지 모른다.

하지만 무턱대고 '곤란하다, 짜증난다'고 해서 이야기가 끝나는 건 아니다. 그런 일들에 대해 불평하지 않고 견디며, 또 거기에서 기쁨을 느끼는 경지에까지 이르지 못하면 제대로 사람을 쓸 수 없다. 문자 그대로 '단지 괴로운 상태로 끝나버릴 것'이다.

그렇다면 어떻게 해야 할까. 이는 나 자신의 체험이기도 하지만, 사람을 쓰다 보면 괴롭다는 생각이 들 때가 한두 번이 아니다. 특히 그런 감상이 짙게 든 건 긴 전쟁이 끝난 직후였다.

1945년 종전까지만 해도 여전히 봉건적인 기풍이 남아 있었고, 사장이며 창업자인 내가 말하는 대로 사람들이 충실하게 따랐다. 하지만 종전을 계기로 소위 '민주화 바람'이 불며 그런 분위기가 완전히 바뀌었다. 여기에 노동운동이 급속도로 확산되어 일부에서는 과격한 모습을 보이기도 했다.

우리 회사에도 노조에 가입한 이들이 대세를 이뤄, 사내 곳곳을 돌아다니며 기세등등한 모습을 보이곤 했다. 그런 모습에 나는 사람을 쓴다는 게 얼마나 괴로운 일인지를 다시 한 번 절감했다.

하지만 그때 문득 이런 생각이 들었다.

'그래, 내가 사람을 쓴다고 생각하면 이건 틀림없이 괴로운 일이야. 하지만 생각 여하에 따라 이 사람들을 모두 내 단골고객으로 여길 수는 없을까. 만일 이들이 단골고객이라면 나는 이들을 소중히 여겨야만 한다.

대개 단골들은 무리한 요구를 하기 쉽다. 그 무리한 이

야기를 '무리하다'고 여기지 않고 '고마운 일'이라 여기는
데 바로 성공의 길이 있다. 그처럼 임직원들, 노조원들을
모두 내 단골고객으로 여긴다면 어느 정도의 무리함은 당
연히 들고 또 안고 가야 한다. 오히려 한 걸음 더 나아가
고맙다고 여길 정도까지 되어야 하지 않을까.'

그렇게 생각하자 왠지 모르게 편안한 마음이 밀려들면
서, 그때까지 괴롭다고 느끼던 고민들이 씻은 듯 사라졌
다. 내가 이들을 쓴다고 생각하면 '내 지시를 따르지 않는
사람은 건방지다'고 여기기 쉽다. 하지만 반대로 이들이
단골고객이라면 '오히려 고마운 마음이 들 정도'다. 그렇
게 생각하다 보면 일종의 위로나 위안을 얻게 된다. 그 후
에는 아무리 사소한 일들이 벌어져도 크게 괴로워하거나
실망하지 않았다.

결국 사람을 쓰는 경우 기본적으로 '쓴다'는 의식 자체
를 갖지 않는 게 중요하다. 그렇지 않으면 제대로 사람을
쓸 수 없다. 이와 함께 일하거나, 한 걸음 더 나아가 내가
쓰임 받는다는 상황까지도 철저히 인식해둘 필요가 있다.

바로 그 지점에 도달하면 '사람을 쓰는 일'이 괴로운 데 그치지 않고 오히려 하나의 기쁨으로 승화될 수 있다.

물론 이 모든 게 어려운 일임에 틀림없지만, 지위가 오르면 오를수록 그런 생각을 가져야만 한다. 그건 책임자로서의 노력이자 의무나 다름없다. 참고로 이런 속담도 있음을 잊지 말자.

"사람을 쓴다는 것은 곧 쓰임을 받는 일이다."

05
최고의 열의를 가져라

많이 배우지 못해도, 특별한 수완이 없어도 사람은 쓸 수 있다. 하지만 책임자의 열의가 없으면 사람은 결코 움직이지 않는다.

나는 각 부서의 책임자들에게 종종 이렇게 말해왔다. 만일 그 사람이 부장이라면, 다음처럼 말했다.

"자네 부서에는 여러 가지 일들이 있을 걸세. 아무리 자네가 부장이라도 그 많은 일을 혼자서 다 해낼 수는 없겠지. 자네가 신은 아니니까……. 어떤 일에서는 부하가 더 재능 있는 경우도 있지 않은가. '이런 면에서는 나보다 훨씬 낫다'고 여기는 경우 역시 많겠지. 일을 하다 보면 그런 일들이 비일비재하게 벌어지곤 하지.

그래서 자네가 책임자라 할지라도 각각의 전문적인 부

분에 대해선 지도할 수 없는 경우가 많을 걸세. 당연히 책임자라 해서 꼭 지도해야 하는 것도, 관리해야 하는 것도 아니지. 그렇다면 이때 무엇이 가장 중요할까. 그건 자네 부서의 경영에 대해 누구보다 열정을 갖는 걸세. '부서를 경영한다'는 열의만큼은 부서 내 누구에게도 뒤져선 안 되는 거지.

지식, 재능 같은 부분에서는 뒤져도 좋아. 부서 안에는 우수한 사람도 많을 테니 그들보다 뒤져도 상관없네. 하지만 '이 일을 해나간다'는 열의만큼은 자네가 최고여야 하네. 그러면 모두가 열심히 일할 걸세. '우리 부장은 모자란 부분도 많지만, 열심히 하는 그 모습만큼은 진짜 대단해. 그 부분만큼은 진짜 인정할 수밖에 없어. 이건 우리도 반드시 배워야 할 점이야' 하는 인식을 갖게 되지. 그러면서 팀원 모두 각자가 가진 지식이나 재능을 충분히 발휘해줄 걸세. 하지만 만일 자네가 그런 점을 갖지 못한다면 부장으로서 실격이나 다름없네."

사람들 위에 선 책임자, 관리자로서의 요체는 여러 가지

가 있겠지만, 나는 그중에서도 '열의'가 가장 중요하다고
생각한다.

물론 위에 선 사람으로서 업무적으로도 탁월한 재능을
지녔다면 이 이야기를 할 필요가 없다. 지식과 수완이 있
는, 거기에 재능도 있고 인격까지 우수하다면 꼭 부하가
아니더라도 많은 이들이 좋아할 것이다.

하지만 실제로는 그렇지 않은 경우가 많다. 아니, 대부
분이다. 대개 사람이란 어떤 면에서 다른 사람보다 우수
하면, 다른 면에서는 또 모자란 게 보통이다. 책임자라 해
서 그 예외를 바라기는 어렵다.

그러므로 제아무리 책임자라 해도 많은 면에서 부하보
다 모자랄 수 있다. 그 자체는 전혀 이상한 게 아니다. 다
만 한 가지, 어떤 목표를 향한 열의만큼은 다른 누구에게
도 뒤져선 안 된다. 지식, 혹은 재능이 최고가 아니어도
좋지만 열의만큼은 최고여야 한다.

나 자신을 생각해보면 학문도, 지식도 별로 없다. 그런
점에서 최고는커녕 최하위라 할 수 있다. 게다가 몸까지

약하다. 이 점에서도 대개의 부하보다 뒤떨어진다. 그런 내가 어쨌든 사장이 되고 또 회장이 되어 많은 이들의 위에 설 수 있었던 건 '열의만큼은 누구에게도 뒤지지 않았기 때문'이라고 생각한다.

'이 가게, 이 회사를 경영한다'는 점에서 누구보다 열의를 가져야 한다. 항상 그렇게 생각하고, 또 그런 마음가짐을 갖도록 끊임없이 노력한다. 그런 열의가 책임자에게 있다면 부하들도 '저렇게 상사가 열심히 노력하는데, 우리도 열심히 일해야 하는 거 아닌가' 하는 생각을 갖게 된다.

하지만 아무리 지혜롭고 재능 넘치는 이가 리더가 되었어도 이 가게를, 또 회사를 경영하려는 열의가 없으면 아랫사람들도 '이 사람 밑에서 굳이 열심히 할 필요가 있을까' 하는 의구심을 갖기 마련이다.

따라서 리더 스스로 아무것 없이도 경영에 대한 열의만큼은 반드시 가져야 한다. 그러면 지혜로운 사람은 지혜를, 힘 있는 사람은 힘을, 아이디어가 번뜩이는 사람은 아이디어를 내어 서로 협력해줄 것이다.

최근에는 세상이 급속도로 발전하고 있다. 기술적으로 나날이 발전해 새로운 어려움이 항상 발생한다. 경영에서도 최신 전자기기를 사용하거나 복잡한 분석이 필요한 경우가 많다. 사실 나는 그런 고도의 기술을 이해하는 것도 쉽지 않을 뿐더러, 어떤 면에서는 아예 모르는 게 현실이다. 나뿐 아니라 보통 사람의 지식만으로는 그런 전문적인 내용을 이해하기 어렵다.

이 경우 사람들 위에 서서 일을 해나가기 어려울 수도 있지만, 그 점은 크게 걱정하지 않아도 된다. 왜냐하면 그런 전문적인 영역은 각 부문에 통달한 사람들이 대신해 줄 것이기 때문이다. 그래서 책임자는 세부적인 전문지식을 반드시 가질 필요는 없다. 오히려 그보다 걱정해야 할 건 앞서도 몇 차례나 언급했듯 '자신이 그 부서, 회사를 경영한다는 열의를 갖고 있는지' 여부다. 그것이 없으면 책임자의 자리에서 마땅히 내려와야 한다. 또 책임자의 자리에서 내려오지 않더라도 자신이 가진 지혜나 아이디어를 회사를 위해, 또 그 일을 위해 제공한다는 자부심이 점차 옅어질 것이다. 그래서는 안 된다.

결국 책임자, 관리자에 해당하는 사람들은 항시 그것을 자문자답해야 한다. 10명 있는 팀의 팀장이라면 그 10명 중 자신이 가장 열의를 가졌는지 확인해야 한다. 100명 있는 부서의 부장이라면 그 100명 가운데, 또 1만 명이 재직하는 대기업의 사장이라면 그 1만 명 중 자신이 경영에 대해 최고의 열의를 갖고 있는지를 확인해야 한다.

그런 것들을 스스로 물어보고 최고라는 자신감을 가질 수 있다면 구성원 모두의 재능을 충분히 살려가며 책임감도 가질 수 있다. 만일 그 점에 자신감을 갖지 못한다면 스스로 그런 열의를 배양할 수 있도록 끊임없이 노력해야만 한다.

06
자비심을 가져라

"그렇게 조심성 없는 부하는 반드시 처단해야 한다"고 말하는 마사노리에게 기요마사는 "자네는 뛰어난 무공을 지녔지만 자비심은 조금도 없네"라며 씁쓸한 심정으로 말했다.

나는 구마모토熊本에 갈 기회가 있을 때마다 '천하의 명성名城'이라 불리는 구마모토 성을 둘러보고 감탄하곤 했다. 일전 이 성을 만든 가토 기요마사加藤淸正[3]를 기리는 가토 신사의 신관신사의 관리 책임자-옮긴이과 잠시 대화를 나눌 기회가 있었다.

이때 깊은 감명을 받은 나는 돌아와 기요마사에 대해

---

3. 도요토미 히데요시의 가신으로 다른 6명의 가신과 함께 '시즈가다케의 일곱 창'으로 불렸다. 용맹스럽고 축성술이 뛰어난 것으로 유명한 그는 임진왜란과 정유재란 때도 참전했으며, 이후 구마모토의 초대 번주가 되었다.

알아본 적이 있다. 이를 통해 기요마사가 알면 알수록 위대한 장군이자 지도자라는 사실을 깨달을 수 있었다.

그에 대한 일화 중 이런 이야기가 있었다.

어느 날 기요마사는 동료인 후쿠시마 마사노리福島正則[4]를 다도모임에 초대했다. 그런데 마사노리가 도착하기 직전, 부하 중 한 명이 실수로 칸막이벽을 부서뜨려 버렸다. 이에 기요마사는 '일단 급한 대로 벽을 보완해두라'고 지시했다.

이후 마사노리가 도착했지만, 주변이 어딘가 이상한 모습에 그 이유를 기요마사에게 물었다. 기요마사는 자초지종을 설명했다. 그러자 마사노리는 "그렇게 조심성 없는 놈을 왜 살려뒀는가. 빨리 끌어내 반드시 처단해야 한다"고 흥분했다. 이를 들은 기요마사는 "자네는 뛰어난 무공을 지녔지만 자비심은 조금도 없구먼……"이라고 씁쓸한 심정으로 말했다.

---

4. 히데요시의 가신으로 기요마사와 함께 '시즈가다케의 일곱 창'으로 불렸다. 그 역시 임진왜란에 출정했으며, 이후 히로시마(広島)의 영주로 임명되어 상공업 육성에 매진했다.

이런 일이 정말로 있었는지와 별개로, 실제 기요마사는 부하를 배려하고 아끼는 대인배였던 것 같다. 가토 일가는 도쿠가와 막부德川幕府의 정책적인 영향 탓도 있었지만, 그의 아들 대에서 개역改易[5]으로 많은 것을 잃었다. 하지만 기요마사 자신은 훗날 신으로 추앙받으며 후대 사람들에게 높은 평가를 받았는데, 이는 역시 자비심에 기반을 둔 선정善政의 결과 때문일지 모른다.

그리고 그 자비심은 비단 기요마사뿐 아니라 누군가의 위에 선 사람, 즉 책임자나 관리자라면 반드시 가져야 할 덕목이라 할 수 있다. 기요마사가 마사노리에게 '자네는 자비심이 없다'고 씁쓸한 심정으로 말한 것도 누군가의 위에 선 사람으로서 마땅히 갖춰야 할 마음가짐이 없다는 의미에 따른 것이다.

장군이기에 뛰어난 무공이 반드시 필요하겠지만 그게 전부는 아니다. 무공을 사용하는 건 그 자체가 목적은 아니다. 세상 사람들에게 평화와 행복을 가져다주기 위해,

5. 에도 시대 무사에게 내려진 벌. 신분을 내리고 재산 등을 몰수당하는 징벌로, 할복자살보다는 가볍고 칩거보다는 무거운 벌이다.

말하자면 하나의 방편으로서 무력을 사용하는 것이다. 그렇게 사람들의 안녕을 기원하는 자비심이 바탕에 있을 때 비로소 제대로 된 무력 사용도 가능한 것이다. 그런 마음이 없으면 단지 '싸움을 위한 싸움'으로 변질되기 쉬워 도리어 사람들에게 상처를 주게 된다. 그런 생각이 기요마사에게 있었던 게 아닐까.

자비심은 원래 불교 용어로, 중생에게 즐거움을 주는 것을 '자慈'라 부르고, 중생의 고통을 없애주는 것을 '비悲'라 부른다. 그런 점에서 보면 불교만이 아니라 세상 속 모든 활동이 그런 성격을 갖고 있는 듯하다.

다양한 분야 중 정치가 가장 전형적인 사례에 해당한다. '사람들의 행복을 증진시키고 불행을 줄이는' 게 기본적인 정치의 일이다. 따라서 정치에는 자비심이 무엇보다 중요하다.

지난번 대덕사大德寺의 다치바나 다이키立花大亀 스님과 대담했을 때, 스님께서 '정치란 염주 구슬 같은 것'이라 말했다. 그 구슬들을 연결하는 실이 종교심, 바꿔 말하면 자비심으로 그것이 없으면 염주 구슬이 흩어져 버리듯 사람들의 행복으로 이어지는 정치가 이뤄지기 힘들다는 의미를 담고 있다. 나 역시 그렇게 생각한다. 정치가 자비심을 잃고 단지 지식이나 이론을 중심으로 이뤄진 결과, 오늘날과 같은 정치·사회적 혼란이 발생했다는 점을 통감한다.

기업 경영도 마찬가지다. 기업은 무엇을 위해 존재하는가를 생각해보면, 예를 들어 물건을 만드는 기업이라면 물자를 풍부하게 생산해 사람들의 빈곤을 없애고, 생활을 보다 풍요롭게 만들어가는 데 그 근본 목적과 사명이 있다. 이는 물질적인 면이나 정신적인 면의 차이는 있더라도 종교가 지향하는 점과 일맥상통한다. 말하자면 '자비심의 실천'이라고 할 수 있다. 따라서 그 경계 지점에 선 경영자는 무엇보다 자비심을 갖는 게 중요하다.

그와 동시에 기업의 사명을 위해 많은 사람을 쓰게 되면, 그런 사람들 자신도 그 일을 통해 물심양면으로 풍요로워져야 한다. 그런 면에서 책임자, 관리자에게는 직원,

부하의 행복을 기원하고 이를 안쓰러이 여길 수 있는 자비심이 반드시 필요하다. 그런 자비심 없이 오로지 이론이나 테크닉만으로 사람을 쓰려 하면 사람들은 진심으로 기뻐하며 일하지 않을 것이다.

원래 자비심은 상냥함, 혹은 따뜻함이라는 의미로 이해되기 쉽지만 꼭 그런 건 아니다. 확실히 안쓰러이 여기고 배려하는 게 자비심이기 때문에 그것은 보통의 상냥함이나 따뜻함으로 나타나겠지만, 동시에 매우 엄격한 면도 갖고 있다. 불교에서도 부처님의 자비가 언급되지만, 가끔은 부동명왕不動明王[6]처럼 '분노의 형상항마검으로 악을 벌하는' 측면도 분명 있다.

그래서 자비심은 단지 상냥함이나 따뜻함만 갖는 게 아니라 잘못된 것, 혹은 바로잡아야 할 것들에 대해 엄히 꾸짖고 때로는 이를 벌하는 것도 중요하다. 이 역시 '자비심의 또 다른 측면'이다. '모두의 행복에 반하는 것이므로

6. 밀교의 주불인 대일여래가 모든 악마와 번뇌를 항복시키기 위해 분노한 모습으로 나타난 5대 명왕 중 하나.

절대 용납할 수 없다'고 여겨 이를 단호히 바로잡는 것도 자비심이라 생각하며, 거꾸로 그런 마음이 근저에 있을 때 보다 커다란 견지에서 질책할 때 질책하고 벌할 때 벌하는 게 가능하다.

또 윗사람에게 그런 자비심이 있다면 질책 받거나 벌 받는 사람도 이에 대해 충분히 납득하고, 경우에 따라서는 그 자체를 기꺼이 받아들여 스스로의 성장 기회로 삼을 것이다.

그 정도를 떠나 사람 위에 선 책임자, 관리자들은 그런 자비심을 자신이 어느 정도 갖고 있는지 한 번쯤 자문자답해보는 게 무엇보다 중요하다고 생각한다.

2장

사람을 움직이다

07
유리처럼 투명한 경영을 하라

'제대로 알려주지 않고 무조건 따르라'는 건 봉건시대적인 마음가짐이다. 지금은 리더의 철학과 방침, 회사 상황 등을 조직 내 구성원들에게 제대로 알려주는 것이 매우 중요하다.

내가 사업을 시작할 때만 해도 '소규모 개인 경영'의 형태를 띠었다. 하지만 그때부터 나는 개인의 사적私的 회계와 회사의 공적公的 회계를 완전히 별개로 뒀다. 매달 일정한 사용비를 개인 회계로 처리했지만, 공적 회계는 개인 용으로 일절 사용하지 않았다. 매달 이뤄지는 결산 때마다 항상 따로 모아 처리했다.

이 같은 방식을 나는 직원이 10명도 채 안 될 때부터 지속해왔다. 그리고 그 결산 내용을 매달 직원들에게 공표했다. 말하자면 사내 말단 사원에 이르기까지 관련 내용을 알 수 있도록 공개한 것이다.

　주식회사라면 결산을 반드시 공개해야겠지만, 사실 개인 경영으로 이뤄진 회사는 군이 그렇게 하지 않아도 된다. 세무서에서 관련 업무만 완료되면 공개하지 않아도 별문제 없다. 하지만 나는 그 내용을 '군이' 전 직원에게 공개했다.

　"이번 달은 우리가 이만큼 팔았고, 수익을 이만큼 올렸습니다."

　이 같은 형식으로 결산을 매달 발표했다. 물론 개인 경영이기에 그 수익의 얼마쯤은 우리 가족의 생계유지를 위해 썼지만, 나머지는 모두 회사 자산으로 축적했다. 자랑일지 몰라도 그런 과정을 나는 꽤 공명정대하게 해냈다고 자부한다.

　그러자 한 가지 크게 달라진 부분이 있었다. 바로 사내 직원들이 회사에 대해 좋은 인상을 갖기 시작한 것이다. 나는 그런 변화가 매우 흥미롭게 느껴졌다. 작은 회사가 돈을 벌었다고, 그것이 온전히 사장 주머니로 들어가야 하는 건 아니다. 오히려 직원들은 일련의 성취 과정을 알게 되면서 일하는 보람을 하나의 즐거움처럼 느낀다. 설령 그것이 회사 전체의 이익이더라도 '자신이 노력한 업무 결과만큼 돈을 벌었다'는 사실은 그 자체만으로도 기쁜 법이다. 그런 즐거움을 잘 모르면 열심히 노력하려는 의욕 자체가 생기지 않는다.

때로는 '회사가 얼마를 버는지 몰라도 직원들을 엄청 혹사시키는구나' 하는 불만이 여기저기서 터져 나올지 모른다. 아마 요즘 같은 분위기에서는 '회사가 그만큼 벌었으면 직원들 월급이나 더 올려 달라'고 주장할지 모른다. 하지만 당시만 해도 그런 요구보다, 회사 발전을 통해 정신적인 기쁨을 함께 누리는 모습이 있었다.

이 과정에서 누군가는 개인과 회사를 별개의 존재처럼 여길지 모른다. '직원들 개개인이 굳이 회사의 세세한 부분까지 알아야 하느냐'는 의문도 있을 것이다.

하지만 나는 결산을 단지 사내에 그치지 않고 보다 폭넓게 세간 일반에까지 공개했다. 극히 소수의 개인 기업 때부터 그런 정책을 도입한 건 '모두가 함께 일하는 기쁨을 누리는 게 바람직하다'고 여겼기 때문이다.

그렇다면 나는 왜 '유리처럼 투명한 경영'을 말하고 또 실천했을까. 그동안 나는 가급적 경영상의 비밀을 갖지 않고 경영, 혹은 업무 전체의 모습 그대로를 보여준다는 방침에 따라 회사를 운영해왔다.

예를 들어 이런 경우가 있었다.

초창기 나는 배선配線기구를 만들었는데, 당시만 해도 절연제를 활용한 기본적인 제조법의 경우 철저히 비밀에 부쳐졌다. 나도 처음 만들었을 때는 관련 제조법을 몰라 상당히 고생했지만, 다행히도 지인 중에 경험자가 있어 여러 가지를 보고 배울 수 있었다.

당시 내가 운영하던 공장처럼 일반적으로 소규모 공장에서는 핵심 제품을 대개 공장주 자신, 혹은 형제나 친척처럼 믿을 수 있는 이에게 맡겨 제조하는 것이 상식이었다. 하지만 나는 '그런 비밀주의로는 절대 사업을 키워나갈 수 없다'고 생각해, 직원들에게 관련 제조법을 상세히 가르쳐주고 아예 그 일까지 맡겼다. 극단적인 경우 오늘

들어온 직원에게도 거리낌 없이 가르쳐줄 정도였다.

이 같은 내 방식에 대해 선배 동업자들은 걱정 어린 시선으로 바라봤다. 몇몇 선배는 아예 대놓고 걱정하며 '그렇게 아무한테나 가르쳐주다가 큰일난다'고 충고해줄 정도였다.

하지만 나는 그런 호의를 감사히 여기면서도 '직원을 신뢰하고 가는 게 좋은 길이며, 그것이 사업을 더 크게 번창케 하는 왕도'라고 생각했다. 그래서 처음부터 내가 정한 방침을 일관되게 고수할 수 있었다.

결과적으로 이를 통해 별다른 문제가 발생하지 않았고, 나는 내 주변의 동업자 중에서 비교적 순조로이 사업을 키워나갈 수 있었다. 이처럼 투명한 경영 방식이 회사 발전에 큰 역할을 다한 것이다.

직원 모두에게 경영 상황을 제대로 알려주는 '투명한 경영'을 통해 나 자신, 또 직원들은 '우리 회사는 단지 마쓰시타 사장 개인만이 아니라 우리 모두를 위해 존재한다'는 생각을 갖게 되었다. 그런 점에서 직원 모두 자주적인 책임에 따라 업무하는 바람직한 기풍이 생겼고, 나 스스로와 소속 직원들은 함께 성장할 수 있었다. 그런 점을 보면 역시 직원들에게 그때그때의 방침은 물론, 경영 실태를 정확히 알려주는 게 바람직하다고 생각한다.

물론 현실 속 대부분의 기업들이 치열한 경쟁에 놓여있고 소위 '기업 기밀'도 적지 않은 게 사실이다. 하지만 관점을 조금 달리해 보면 '얼마간의 비밀이 외부로 흘러나가 발생하는 마이너스보다, 직원이 의심을 품고 일할 의욕 자체를 갖지 않는 게 오히려 더 큰 손실을 초래한다'고도 볼 수 있다.

물론 그 중간 지점에서 균형을 잡는다는 게 말처럼 쉽진 않겠지만, 그래도 원칙적으로는 직원을 신뢰하고 (좋든 나쁘든) 있는 상황을 제대로 알려주는 자세가 중요하다.

이는 기업 전체만이 아니라 각각의 부서에서도 마찬가지다. 하나의 부서라면 부원 전체가, 하나의 과라면 과원 전체가 자신들의 부서 방침과 업무 실태를 제대로 알았을 때 비로소 자주적이고 열정적인 업무도 기대할 수 있다.

조직 내 윗사람들은 항시 그런 마음가짐을 잊지 말아야 한다.

옛 중국 현인들은 '제대로 알려주지 않고 무조건 따르게 하라'는 말을 자주 했다. 확실히 봉건시대처럼 권력자가 사람들을 일방적으로 다스릴 때라면 여러 가지 번거로운 사안들을 알리지 않고도 자신이 생각하는 대로 운영할 수 있었다.

하지만 지금은 민주주의 시대이며, 기업 경영도 민주적인 모습을 갖출 때 비로소 강한 저력을 발휘할 수 있다. 단지 상사에게 기대기만 하는 안일한 의존심으로, 또 상사가 말하는 대로만 해나가기 어려운 시대다.

따라서 직원들은 각자의 자주 책임에 따라 일하는 자세가 필요하고, 이를 위해서는 역시 상황이나 정보를 제대로 알려주는 것이 중요하다. 결국 오늘날의 기업 경영에서는 '우선 제대로 알려주고 따르게 하라'는 말로 고쳐 쓸 필요가 있지 않을까.

08
솔선수범의 의지를 보여라

"그건 어려울 것 같다"고 말하는 임원에게 "자네가 안 된다면 내가 직접 해보겠네. 대신 자네는 그만둬야겠는데"라고 말한 오타가키 사장의 의지를 기억하자.

지금은 돌아가셨지만 간사이 전력関西電力의 회장직을 역임한 오타가키 시로太田垣士郎[7] 씨에게 어느 날 이런 이야기를 들은 적이 있다.

당초 오타가키 씨는 케이한신 급행전철京阪神急行電鉄의 사장직을 맡았지만, 전쟁 이후 전력업계가 재편성되는 소용돌이 속에서 주변의 간곡한 요청으로 간사이 전력의 사

---

7. 일본 쇼와(昭和) 시대의 실업가. 케이한신 급행전철의 사장직을 맡은 뒤, 전력업계의 재편성 속에 간사이 전력의 사장직에도 취임한다. 종전 후에는 발전소 건설에 매진했으며, 1964년 도쿄올림픽의 개최자금 조달 책임자로도 맹활약했다.

장직까지 맡게 되었다. 그리고 어려운 상황에 처한 회사를 멋지게 재건시켜 안정적인 전력 공급의 초석을 마련했다. 무엇보다 간사이 전력은 오일쇼크 전까지 19년간 단 한 차례도 요금을 올리지 않았다. 이는 같은 기간 동안 이뤄진 물가상승률을 감안하면 가히 기적이라 할 만한 일이었다. 그런 기적적인 위업을 가능하게 만든 이가 바로 오타가키 씨였다.

그가 간사이 전력의 사장이 된 뒤 마주한 문제가 하나 있었다. 바로 '전력회사와 시 전차·사철 노조 사이의 형평성 문제'였다. '전력회사 사람들은 시 전차나 사철을 공짜로 타면서, 시 전차나 사철 임직원들의 전기 요금은 50%만 할인해 주는' 오랜 관습이 원인이었다.

이 사실을 안 오타가키 씨는 크게 화를 냈다. 이는 단지 형평성 차원의 문제를 넘어, 관습 그 자체에 대한 문제 제기였다. '잘못된 관습을 놔두고서 일반 소비자들에게 얼굴을 들 수 없다. 이 같은 관습을 하루 빨리 없애야 한다'는 주장이었다.

그는 노무 담당 임원을 불러 "자네, 이런 말도 안 되는 관습이 아직까지 존재한다면 우리가 어떻게 소비자들을 대할 면목이 있겠나. 빨리 해당 제도를 없애도록 하게"라고 말했다. 그러자 노무 담당 임원은 "사장님, 그건 어려울 듯합니다"라고 답했다.

당시 그 임원은 '과격한 노조 운동'을 불가 이유로 들었다. 이 문제를 해소하기 위해서는 일단 전력회사의 노조만이 아니라, 시 전차·사철 노조 측의 양해도 얻어야만 했다. 이는 당시 불안정한 노동계 상황에 비춰봤을 때 꽤나 어려운 일이었다.

사실 이전에도 같은 문제가 제기되어 회사 측에서도 몇 번이나 없애려 했지만 모두 실패하고 말았다. 그래서 그 임원은 '사장님께서 아무리 말씀하셔도 어려울 것 같다'는 부정적인 답을 내놓았던 것이다.

하지만 오타가키 씨는 포기하지 않고 더욱 단호하게 말했다.

"그래? 자네가 못 한다면 어쩔 수 없지. 내가 직접 해보겠네. 아무리 노조라도 불합리한 관습을 고집해서는 안 되지. 만일 노조가 제안을 거부하고 쟁의를 벌인다면, 이를 신문 전면 광고에 내어 세상 사람들에게 직접 호소하겠네. 그렇게 하면 여론이 누구 말이 옳은지 판단해 줄 거 아니겠는가. 하지만 이 일을 사장이 직접 하면 노무 담당 임원은 군이 필요 없겠지. 그럼 자네가 관둬야지. 자, 어떤가. 자네 정말로 관둬도 좋은가?"

오타가키 씨의 발언에 깜짝 놀란 임원은 "사장님께서 그렇게까지 말씀하신다면 제가 직접 해보겠습니다"라고 답했다.

이후 그 부분에 메스가 가해지자 '예상대로' 여러 가지 어려움에 직면했지만 노조의 저항은 오래가지 못했다. 노조도 객관적으로 봤을 때 그것이 바른 요구라면 쟁의든 뭐든 모든 수단을 동원해 투쟁했겠지만, 부정적인 여론을 감안했을 때 무작정 자신들의 요구만 주장할 수는 없었다. 그래서 노조는 사측의 주장을 받아들이고 협력할 수밖에 없었다.

그 결과 공짜 운임과 50% 할인되던 전기 요금의 손실분이 사라졌을 뿐 아니라, 세간 일반에도 간사이 전력의 바람직한 이미지를 어필할 수 있었다. '부조리한 관행에 맞서 싸운 소비자의 편'이라는 이미지 말이다.

이 말을 듣고서 나는 '과연 오타가키 씨답다'고 생각했다. 보통이라면 그 정도 저항이 예상될 경우 경영자도 큰 갈등을 원치 않아 손을 뗐을지 모른다. 더구나 잠시 맡은 사장직이라면 큰 문제를 일으키지 않고 자신에게 맡겨진 과업만 완수하려 할 것이다.

하지만 오타가키 씨는 '해야 할 일을 반드시 해낸다'는 신념으로 이를 돌파했다. 오히려 그런 돌파 과정을 통해 '자신이 직접 해낼 것'이라는 굳은 마음가짐을 다시 한 번 다졌을지 모른다.

나는 이 부분에 큰 의미가 있다고 생각한다. '관둬야 할 것 같다'는 이야기를 들은 임원도 처음에는 사장의 의지가 그 정도로 강할 줄은 몰랐을 것이다.

'상사로서 부하에게 일을 맡기는 게 중요하다'는 점은 더 말할 필요가 없다. 아무리 훌륭한 사람이라도 혼자 할 수 있는 업무 범위는 한정되어 있다. 그래서 이 지점에서는 '어느 정도 일을 맡길 수 있는지'가 중요한 포인트가 된다.

다만 '맡긴다는 건 전적으로 그 일을 담당자가 잘 할 수 있도록 하기 위함'이다. 일이라는 건 기본적으로 '공사公事'다. 기업이 그 활동을 통해 사회에 공헌하고 공동생활을 향상시키는, 그리고 그 과정에 관계된 이들이 함께 이뤄내는 것이다.

따라서 그 일을 맡은 사람이 '할 수 없다'고 포기해도, 그것이 기업의 사명을 달성하기 위해 필요한 일이라면 '할 수 없다'는 선에서 결코 끝낼 수 없다. 그리고 절대 끝내서도 안 된다.

그런 뜻에서 오타가키 씨는 '자네가 할 수 없다면 나라도 하겠다'고 말한 것이다. 회사로서 그건 반드시 해야 할 일이었으나 담당 임원은 여러 가지 어려움을 들어 '할 수 없다'고 말했다. 그렇다면 그건 당연히 최고책임자인 사장의 책임으로 받아들여야 한다. 그래서 '내가 한다. 대신 자네는 그만두게'라는 말도 가능했던 것이다.

부하에게 일을 맡기는 건 매우 중요하지만, 한편으로 언제든 자신이 솔선수범할 수 있는 기백을 갖춰야 함을 뜻하기도 한다. 그런 기백, 마음가짐을 가지면서 부하에게 일을 맡기는 것이다.

즉, 형태상으로는 맡기는 것이지만, 정신적으로는 자신이 직접 한다는 마음가짐이 중요하다. 몸은 맨 뒷줄에 자리해도 마음만은 맨 앞줄에 있다는, 그런 마음가짐 말이다. 그렇게 하면 부하도 상사의 기백을 느끼며 '내가 상사 대신 이 일을 하고 있다'는 자각을 갖게 된다. 그런 자각과 책임감에 입각해 일하다 보면 더 좋은 성과를 낼 수 있고, 그 사람도 한층 더 성장할 것이다.

그 옛날 일본 전역을 통일한 오다 노부나가가 좋은 사례라고 생각한다. 노부나가는 히데요시를 비롯해 여러 부하들에게 중요한 역할을 맡겨 전국 각지를 공략하게 했다. 그리고 그 자신은 가장 중요한 전투에서 홀연히 선두에 선 채 적과 맞서 싸우는 기백을 보여줬다. 그것이 부하들로 하여금 강한 동기부여를 일으켜, 모두 노부나가의 마음가짐으로 일치단결해 싸울 수 있었다. 바로 그런 과정을 통해 노부나가는 전국 통일로 향하는 잰걸음을 서두를 수 있었다.

　물론 이 같은 마음가짐은 비단 사장만이 아니라 부장이든, 과장이든, 혹은 한 부서의 책임자라면 누구나 가져야 한다. 부하가 적을 때에는 자신이 직접 선두에 나서 적극적으로 임해야 한다.

　하지만 사람이 많아질수록 그렇게 하기 어려워지고, 또 그런 방식으로는 좋은 성과를 거두기도 어렵다. 그래서 조직의 맨 뒷줄에서 리더가 지휘하는 것이다. 하지만 그러한 경우에도 리더는 솔선수범한다는 마음가짐과 기백만큼은 항상 가져야 한다.

　언제나 선두에 서서 솔선수범하는 자세를 보이고, 실제로는 부하들을 믿고서 일을 맡긴다. 나는 바로 그 점에서 사람을 쓰는 하나의 힌트를 얻을 수 있다고 생각한다.

09
바른 의사결정을 하라

시시각각 의사결정을 내리는 사람은 평소부터 자신의 인생관과 사업
관, 사회관을 함양시켜야 한다.

경영에서 의사결정은 매우 중요한 문제다. 하나의 일을
해나갈 때도 모든 것은 의사결정에서 시작된다. 더욱이
여러 사람이 함께 일할 경우, 책임자의 의사결정 여하에
따라 구성원 전체가 일사불란하게 움직일 수 있다. 그러
므로 의사결정은 사람을 쓰는 과정에서 매우 중요한 일이
라 할 수 있다.

그런 의미에서 보자면 의사결정은 가급적 빠르면 빠를
수록 좋다. 많은 사람을 이끄는 책임자가 기로에 선 상황
에서 좌고우면할 경우를 생각해보자. 아마도 주저주저하

다 큰 피해를 입고 사람들의 의욕 자체를 꺾어버릴지 모른다. 오른쪽이든 왼쪽이든 일단 진행 방향이 정해지면 모두 용기와 의욕을 갖고 전진해 나가야 한다. 특히 오늘날처럼 변화가 심하고 경쟁이 치열한 시대에는 '빠른 의사결정'이 매우 중요하다.

하지만 책임자 혼자 뭔가를 결정하다 보면 타이밍상 안 맞을 수도 있다. 작은 회사는 물론 수천, 수만 명이 소속된 대기업에서 사장이 일일이 의사결정을 한다고 생각해보자. 아마 전체적으로 결정이 늦어지고 일 역시 원활히 진행되지도 않을 것이다. 그래서 상사는 의사결정 자체를 부하에게 믿고 맡기는 게 중요하다.

'아주 중요한 문제만 나사장와 논의하고, 이후에는 기본 방침에 따라 자네가 판단해서 결정하게.'

이 같은 권한 위양 속에서 의사결정은 점점 더 빨라진다.

또 그렇게 일을 맡은 부장은, 과장에게 일을 맡긴다. 그리고 과장은 주임에게 일을 맡기며, 주임은 사원에게 일을 맡긴다. 그러다 보면 회사 전체의 의사결정이 매우 원활하게 이뤄져 여러 가지 정세 변화에도 신속 정확히 대처할 수 있다.

이를 다른 말로 하자면 '자주경영自主経営'이라 할 수 있다. 조직의 총책임자인 사장은 당연히 자주경영이어야 하지만 부장은 부장대로, 과장은 과장대로, 주임은 주임대로 각각 자주경영을 이뤄내야 한다. 하물며 일개 사원이라 할지라도 그 직책에 걸맞은 자주경영을 해야 한다.

그런 자주경영이 사내 전체에 뿌리내리게 되면, 각 단위의 움직임도 빨라지고 또 제대로 이뤄질 수 있다. 더 나아가 관계된 사람들 역시 한 단계 성장할 것이다. 따라서 자주경영이 조직 내에 자리잡는 게 무엇보다 중요하다.

물론 그렇다 해도 중요한 문제만큼은 반드시 상사와 논의하고 그 판단을 맡겨야 한다. 그러므로 내 말의 요지는 '각각의 입장에 상응한 의사결정을 내려야 한다'는 것이다. 그 경우 앞서 이야기한 빠른 판단과 의사결정이 더더욱 필요하다.

모든 문제를 그 자리에서 바로 판단하기 어려울 수도

있다. 어느 정도 검토가 필요하거나, 다른 사람의 의견을 들어봐야 하는 경우도 있다. 다만 그런 때에도 상사는 애매한 채 놔둬서는 안 된다. 왜냐하면 그 일에 관여한 부하의 의욕을 떨어뜨릴 수 있기 때문이다.

'이 문제는 지금 바로 결정할 수 없네. 조금 더 생각해보고 싶으니 하루만 더 기다려주게. 결정은 내일까지 내리도록 하지'라던가, '이렇게 중요한 문제는 조금 더 연구해볼 필요가 있으니 1주일 정도는 기다려줬으면 좋겠네'라고 말한다면 부하도 안심할 수 있을 것이다.

물론 의사결정은 가급적 빠를수록 좋지만, 그렇다고 빠른 게 무조건 다 좋은 건 아니다. 그 결정 자체를 바르게 하는 것이 최우선이다. 바로 판단해서 잘못된 의사결정을 내린다면 빠른 것 자체에 큰 의미가 없기 때문이다.

그렇다면 빠르고 바른 의사결정은 어떻게 가능할까. 이는 실제로 매우 어려운 문제다. 신이 아닌 이상 항시 바른 결정을 내리기란 거의 불가능하다. 하지만 가급적 빠르게, 또 바른 의사결정을 내리지 않으면 사람을 쓰는 입장으로서의 역할을 다할 수 없다.

무릇 상사라면 자신의 경험이나 식견에 기초해, 그때그때마다 정세를 감안해가며 종합적인 판단을 내려야 한다. 다만 이때 중요한 건 그 바탕에 자리한 하나의 인생관과 사업관, 사회관이 아닐까. 즉, 스스로 배양한 바른 인생관과 사회관에 따라 의사결정을 내리는 법 말이다. 그렇지 않으면 의사결정이 임시방편적인 방향으로 기울기 쉽고, 부하 역시 납득시키지 못할 우려가 있다.

예를 들어 이런 것을 한번 생각해보면 좋겠다. 기업 간의 경쟁은 매우 치열하다. 이에 따라 경쟁사와 가격 경쟁을 벌여야 할 때가 있다. 이때 판매의 제일선에 자리한 영업사원이 거래처에서 할인 요청을 받았다.

"자네 회사 물건은 다소 비싸지 않은가. 그러니까 조금 더 싸게 해주게. 그렇지 않으면 아마 자네 쪽 물건을 팔기 힘들 걸세."

이후 영업사원이 회사로 돌아와 '우리도 더 싸게 팔아야 한다'고 건의할지 모른다.

이 같은 요청에 대해 사장은 어떻게 답해야 할까. 나는 바른 사업관과 사회관을 지닌 사장이라면 영업사원에게 이렇게 말해야 한다고 생각한다.

"우리가 폭리를 취하는 거라면 더 싸도 좋다. 하지만 우리 가격은 이미 충분히 합리적이고, 생산원가에 적정 이윤 정도만 붙여 결코 폭리라 할 수 없다. 만일 우리가 가격을 낮춰 적정 이윤까지 얻지 못한다면 어떻게 될까.

기본적으로 이익의 절반은 세금으로 국가에 귀속된다. 나머지는 주주들에게 배당되거나 새로운 제품의 연구개발비로 쓰인다. 그래서 모두가 적정하게 벌어 사회 전체가 풍요로워지기 때문에 일본 사회도 성립할 수 있는 것이다. 우리에게는 생산 효율화로 모든 물건을 가능한 한 저렴하게 공급할 의무가 있음과 동시에, 적정 수익으로 이를 국가와 사회에 환원할 의무도 있다.

그런 의무를 포기한다는 건 결코 용납될 수 없다. 만일 모두가 그 의무를 포기한다면 국가, 그리고 이 사회는 어떻게 되겠는가. 그러므로 그런 요소들까지 종합적으로 고려해야지, 무턱대고 싸게 팔아선 안 된다."

만일 이런 이야기를 듣는다면 영업사원도 충분히 납득할 것이다. 상사가 '명확한 방침'을 정해 부하를 납득시키고 격려한다면, 부하도 거래처를 그 나름대로 설득할 수 있을 것이다.

그렇게 경영자는 사람을 쓰는 입장에서 항시 상식을 함양하고 바른 인생관과 사업관, 사회관을 가져야 한다. 그러면 간혹 잘못된 경우가 있어도 큰 틀에서 봤을 때는 바른 판단을 내릴 수 있을 것이다. 그리고 그런 점에서 부하의 능력을 살리고 한 인격체로서도 성장할 수 있다.

10
인격과 수완을 갈고닦아라

노무라 키치사부로는 음반회사의 사장이면서도 '빅스타' 미소라 히바리의 이름조차 몰랐다. 그럼에도 그가 회사를 재건시킬 수 있었던 건 위대한 인격 때문이다.

전쟁이 끝나고 몇 년 뒤, 우리가 '일본 빅터日本ビクター'의 경영권을 인수받았을 때의 일이다. 당시 '일본 빅터'라 하면 오래전부터 레코드를 비롯한 음향 분야에서 명문으로 손꼽히던 회사였다. 하지만 전쟁이라는 미증유의 재난을 겪으며, 일본 빅터는 재건 과정의 맨 뒤편으로 처져 있었다.

이에 사내에서는 '일본 빅터의 재건을 누구에게 맡길지'를 두고 치열한 논의가 벌어졌다. 그때 내가 꼭 추천하고 싶은 이가 있었으니, 바로 전쟁 이전까지 해군 대장을 역임한 노무라 키치사부로野村吉三郎[8] 씨였다. 그는 퇴역 후

가쿠슈인学習院 대학 총장, 외무대신, 그리고 미일 관계가 풍전등화나 다름없던 1940년에는 특명전권대사로 미국에 부임해 양국 평화를 위해 혼신의 힘을 다했다.

개인적으로는 같은 와카야마현 출신의 동향 선배로서 오래전부터 가까이 지내온 친분이 있었다. 지금까지 나는 수많은 사람들을 만날 기회가 있었지만 그중에서도 노무라 씨는 최고라 해도 좋을, 한마디로 사람으로서의 위대함을 느낄 수 있는 인물이라고 생각한다. 그만큼 그는 스케일이 크고 사고나 행동이 유연한 분이었다.

여담이지만, 노무라 씨가 세상을 떠났을 때 그 장례식에는 미 해병대 소속 의장대가 참석해 조포를 쐈다. 앞서도 이야기했듯 그는 미일 개전 당시 특명전권대사로 활동했다. 노무라 씨가 미국 측과 여러 가지 교섭을 진행하던 중 일본군은 진주만을 기습 공격했다. 당시 뜻밖의 상황 전개에 노무라 씨는 참담함을 금치 못했다. 또 그런 경우 보

---

8. 일본 쇼와 시대에 활약한 군인이자 외교관. 국제법 분야의 권위자로도 널리 알려져 있으며, 아베(阿部) 내각에서는 외무대신으로, 제2차 코노에(近衛) 내각 때는 주미대사로 활약하며 미일 교섭의 최일선에 섰다. 이후 일본 빅터의 사장직을 거쳐 참의원으로도 활동했다.

통이라면 미국 쪽에서도 '노무라는 참 무례한 사람이다. 대화를 하자면서 공격하고, 도대체 무슨 꿍꿍이로 교섭하러 왔느냐'는 비아냥을 듣기 십상이다.

하지만 미국 쪽의 반응은 예상과 달랐다. '도리어' 노무라 씨의 난감한 입장을 이해하고 동정했다. 이 역시 그가 사심 없이 양국 간의 평화를 바라며 성심성의껏 교섭에 임했기 때문일 것이다. 말하자면 그는 상대방도 충분히 존경을 표할 수 있는 덕망가였으며, 그것이 장례식에서 의장대와 조포라는 형태로 나타난 것이리라.

나는 그렇게 덕망 있는 노무라 씨가 일본 빅터를 맡아준다면 반드시 재건될 거라고 생각했다. 그리고 그런 생각을 노무라 씨에게 솔직히 털어놓고 일본 빅터의 사장이 되어 주십사 간청했다.

그러자 노무라 씨는 "자네가 그렇게까지 말해준다면 어쩔 수 없지"라고 웃으며 내 제의를 기꺼이 받아들였다. 그러면서 이런 말을 더했다.

"솔직히 나는 사업이란 건 잘 모르지만, 사람을 보고 쓰는 일은 누구보다 잘할 수 있네. 그래서 일본 빅터에 훌륭한 기술을 가진 인재가 있다면, 나는 그들이 더 열심히 일할 수 있도록 만들어보겠네."

그런 노무라 씨의 생각에 공감한 나는 '꼭 그렇게 해달라'고 부탁했다.

그렇지만 이번에는 노무라 씨의 주변에서 반대했다. '노무라 씨 같은 분이 이제 와서 일개 민간회사의 사장이 되는 건 (빛나는 이력에) 어울리지 않는다. 노무라 씨 같은 분을 한 회사가 독점하겠다는 건 터무니없다'는 주장이었다. 물론 이 모든 게 노무라 씨를 위한 선의에서 나온 말이었겠지만, 노무라 씨는 거꾸로 그런 사람들을 나무랐다.

"전쟁 후 미국에서는 공훈을 세운 장군들이 하나둘 민간회사로 들어갔다. 그러곤 이번에는 민간 섹터에서 국가와 사회를 위해 기여하고 있다. 전승국에서도 그런 모습을 보일진데, 하물며 패전국인 일본에서는 더더욱 (전직 여하를 불문하고) 사회를 위해 노력하는 게 당연하지 않은가."

이런 점에서도 그의 담백하고 사심 없는 인품을 알 수 있다.

나에게도 밝혔듯 노무라 씨는 사실 사업에 대해 잘 모르는, 말하자면 초짜 같은 사람이었다. 또 일본 빅터에서 출시되는 음악이나 음반에 대해서도 아예 몰랐다. 이에 대해 유명한 에피소드가 있다.

어느 날 중역회의에서 미소라 히바리美空ひばり, 일본의 쇼와 시대를 대표하는 여가수로, 사후 일본 여성 최초로 국민영예상을 수상 – 옮긴이에 대한 이야기가 나왔다. 그러자 노무라 씨는 태연히 "미소라가 도대체 누군가?"라고 되물었다. 그녀라면 당시 수많은 팬을 보유한 당대 최고의 가수 중 한 명이었다. 그렇게 유명한 미소라 히바리의 이름조차 노무라 씨는 몰랐던 것이다.

그 이야기가 간혹 외부로 전해져 한때 큰 화제를 모은 적도 있다. 그중 대부분은 '음반회사 사장이라는 자가 미소라라는 이름조차 모르면 도대체 무엇을 아느냐'는 조롱조의 반응이었다.

하지만 나는 이것이 논리에 맞지 않다고 생각한다. 그녀를 몰라도 노무라 씨는 사람을 쓰는 자로서 갖춰야 할 점을 누구보다 잘 알고 있었다. 아니, 안다기보다 그것이 노무라 씨의 인격 그 자체라고도 할 수 있다. 아마도 그런 사장을 가진 사원들은 자신의 재능을 충분히 발휘할 수 있어 행복했을 것이다.

미소라에 대해 전혀 몰랐던 노무라 씨를 사장으로 맞이한 뒤, 일본 빅터는 빠르게 경영 재건을 이룰 수 있었다. 그 성공은 노무라 씨처럼 큰 인물이 있었기에 비로소 가능했을지 모른다.

만일 우리같이 평범한 사람이었다면 음반회사 사장이 인기가수의 이름을 모르는 데 그치지 않았을 것이다. 부끄러워서라도 해당 분야에 관한 지식을 익히고, 책임자로서의 수완도 갈고닦으려 노력했을 것이다.

하지만 나는 '경영자, 책임자는 지식이나 수완도 중요하지만, 동시에 정의에 입각한 사심 없는 마음이 더 중요하다'고 생각한다. 높은 인격도 경영 능력 중 하나이다. 사람의 능력을 살리는 데 큰 힘이 되기 때문이다.

그런 의미에서 노무라 씨에게는 미치지 못하더라도, 각 경영자와 책임자는 사심 없이 무엇이 바른지를 생각하고 자기 인격을 끊임없이 닦아 나가야 함을 명심해야 한다.

11
결점을 주위에 알려라

결점이 있다는 것을 부끄러워하거나 감춰서는 안 된다. 상사는 오히려 부하에게 자신의 결점을 알리고, 그것을 부하들로 하여금 보완 받는 것이 중요하다.

이 세상에는 완전무결하거나 전지전능한 사람이 없다. 정도의 차는 있더라도 우리 모두는 불완전한 인간이며, 각각의 장점도 있는 반면 단점과 결점도 있다.

이렇듯 전지전능하지 못하고 여러 결점을 가진 사람끼리 의지하며 일을 해나가기 위해서는 서로의 결점을 알고 보완하는 게 중요하다. 개별적으로 결점을 가진 사람이라도 다른 이가 그 결점을 커버하고 장점을 살려준다면 완전무결까지는 아니더라도 가급적 실수를 줄일 수 있을 것이다.

그런 의미에서 상사가 부하들의 장점을 보고 그것을 적극 살리는 것도 중요하지만, 동시에 부하의 단점도 알고 그것을 스스로, 혹은 다른 부하의 힘을 통해 커버해 가는 것도 필요하다. 그렇게 하면 어떤 결점을 가진 사람이 여러 명 모여도 전체적으로는 잘 헤쳐 나갈 수 있을 것이다.

이와 동시에 상사는 자신의 결점을 부하들에게 알리고, 그것을 이들로 하여금 보완 받는 게 중요하다. 부하가 전지전능하지 않듯 상사도 결코 완전무결하지 않다. 부하보다는 결점이 적을지 모르나, 그렇다고 아무 결점도 없다곤 할 수 없다. 더구나 일본에서는 소위 '연공서열年功序列. 학력이나 근속연수에 따라 임직원의 임금이나 인사 이동을 결정하는 체계-옮긴이' 문화에 따라 인사가 결정되는 경우가 적지 않아 상사가 부하보다 결점이 많은 경우 역시 꽤 많다.

결점 많은 상사가 혼자만의 지혜나 힘으로 일을 해나가다 보면 실패하는 경우가 반드시 나온다. 따라서 자신의 결점을 부하에게 보완 받는 데서 비로소 상사로서의 역할도 다할 수 있는 것이다. 그리고 그렇게 부하가 상사의 결점을 커버하기 위해서는, 일단 상사가 자신의 결점을 스스로 파악해 부하에게 제대로 알려주는 것이 중요하다. 결점을 보완 받으려 해도 어떤 점이 부족한지 모르면 제대로 커버할 수 없기 때문이다.

하지만 사람이라는 건 허세나 체면 같은 게 있어 결점을 남에게 보여주는 데 부끄러움을 느끼기 쉽다. 특히 그 대상이 아랫사람이라면 더더욱 그렇다. '나에게 이런 결점이 있다는 것을 알면 부하가 나를 가벼이 여길지도 모른다'고 오해하기 십상이다.

그런 점 역시 사람이 갖는 일면이겠지만, 그럼에도 나는 그런 걱정 따위는 불필요하다고 생각한다. 나는 그런 나 자신의 결점을 낱낱이 알려주고, 이를 누군가에게 커버 받았기 때문에 지금 이 자리까지 올 수 있었다.

기본적으로 나는 많이 배우지 못해 모르는 게 많다. 그래서 막 입사한 신입사원에게도 "자네, ○○○라는 말이 있는데 그게 무슨 뜻인지 아느냐?"고 묻곤 한다. 그러면 상대방은 대개 나보다 많은 것을 공부했기 때문에 '○○○는 이런 뜻을 갖고 있다'고 가르쳐준다. '사장이라는 사람이 그것도 모르냐?'고 힐난하는 이는 아무도 없다.

만일 내가 '그런 소리를 들으면 체면이 깎인다'고 생각해 모르는 것이 있어도 묻지 않으면 아무도 가르쳐주지 않을 것이다. 그러면 모두의 지혜를 제대로 살릴 수 없고 회사 역시 더 이상 발전하지 못할 것이다.

나는 '내가 모르는 게 많다는 점을 모두에게 알리고 그런 결점을 커버 받았기 때문에 모두가 가진 역량을 끌어내 성과를 올릴 수 있었다'고 생각한다. 혹은 전에도 이야기했듯 나는 몸이 약해 최전선에 나가 직접 진두지휘할 수 없었다. 하지만 내가 몸이 안 좋아 밖으로 나갈 수 없다는 점을 잘 아는 부하들이 '우리 사장 대신 내가 해야 한다'는 마음가짐으로 일에 전념해 훌륭한 성과를 거둔 경우도 많았다.

생각해보면 그 옛날 도요토미 히데요시도 결코 전지전능하지 않았다. 여러 결점이 있었고 전문 지식도 거의 없었다. 하지만 그는 다케나카 한베에竹中半兵衛[9] 같은 훌륭한 참모를 옆에 두고 항시 상담하며 의견을 구했다. 그런 과정 속에서 히데요시는 자신의 결점을 보완했고, 문자 그 대로 전국 통일이라는 대업을 달성할 수 있었다.

그래서 한 과의 과장이라면 과원들의 결점을 알고 그것을 커버하는 방안을 강구해야 한다. 동시에 과장은 자신의 결점을 과원들에게 알리고 모자란 부분을 반드시 보완받도록 한다. 부장은 부에서, 또 사장은 회사 전체에서 그런 노력을 기울여야 한다.

높은 산일수록 깊은 골짜기가 있다고 한다. 그런 견지에서 보자면 훌륭한 사람은, 그 반면에 커다란 결점도 가질 수 있다고 생각한다. 결국 훌륭한 사람일수록 그런 자신의 결점을 제대로 알리는 데 더더욱 힘을 쏟아야 하는 것이다.

9. 일본 전국시대를 대표하는 책사로, 통칭 '한베에'라 불린다. 수많은 공적에 대한 일화나 미담이 현재까지 전해지나, 이 중 대부분은 후세의 창작에 의한 것으로 간주되어 역사적 실상은 다소 불분명하다고 알려져 있다.

12
푸념을 털어놓을 수 있는
상대를 가져라

도요토미 히데요시는 마음속 괴로움을 언제든 털어놓을 수 있는 훌륭한 가신을 두었고, 이를 전국 통일의 바탕으로 삼았다. 이처럼 상사는 주변에 고민을 털어놓을 수 있는 부하를 갖는 것도 성공의 중요한 요인이 된다.

일본인이라면 누구나 이시다 미츠나리石田三成[10]에 대해 알고 있을 것이다. 절에서 수양하던 중에 히데요시에게 발탁되어, 이후 그가 전국을 통일할 때 최측근 가신으로 꼽힐 만큼 출세했던 인물이다.

어떤 때 나는 문득 '(멸문 당한) 미츠나리가 어떻게 출세했

---

10. 도요토미 히데요시의 최측근 가신으로 알려진 무장. 어릴 때 히데요시의 시중을 들었으나, 이후 전투 공적을 통해 최측근으로 부상했다. 임진왜란에도 참전했으며, 히데요시 사후에도 도쿠가와 이에야스와 천하를 다투다 패하고 말았다.

을까' 생각하곤 한다. 역사책에서 그의 모습이 가장 두드러졌던 건 '세키가하라 전투関が原戦闘[11]에서 패해 참수된, 당시 무장으로서는 가장 수치스러운 장면'이다. 하지만 대부분의 사람들은 미츠나리가 그 자리에 오르기까지의 성공 과정에 대해서는 잘 모른다.

히데요시는 그 비범한 재능을 한눈에 알아보고 그에게 높은 지위를 내렸다. 비교적 젊은 나이에 병사들을 이끌던 그는 세키가하라 전투에서 서군의 실질적인 리더로 활약하며 파란만장한 인생을 살았다.

그럼 미츠나리는 어떻게 히데요시의 마음을 사로잡았을까. 그는 가토 기요마사, 후쿠시마 마사노리 등과 달리 전쟁터에서의 공로가 유독 두드러지진 않았다. 그럼에도

---

11. 히데요시 사후 그 권좌를 두고 다투던 도쿠가와 이에야스 파와 이시다 미츠나리 파가 일본 중부지방(기후현)의 세키가하라에서 일대 결전을 벌인다. 1600년 10월 21일 단 하루의 결전에서 이에야스 군이 승리를 거두면서 사실상 확고부동한 패자의 자리에 올랐고, 이후 에도막부를 세우는 발판이 되었다. 지역에서 연유해 일반적으로 도쿠가와 군을 동군(東軍), 이시다 군을 서군(西軍)이라 부른다.

'어떻게 빠른 출세가 가능했을까' 하는 점에 대해, 실제 명확한 이유가 드러나진 않았지만 이 자리에서 내 생각을 밝혀두고 싶다.

그것은 히데요시 자신이 수많은 전공을 세우며 천하를 거머쥐는 과정에서, 한편으로 미츠나리라는 존재가 꼭 필요했던 게 아닐까 싶다. 일반적으로 히데요시는 호탕한 성품에 작은 일에 구애되지 않으며, 큰 고민을 하지 않는 사람이란 이미지가 있다. 그런 히데요시가 미츠나리의 어떤 점을 마음에 들어했을까. '귀인貴人 곁에서 시중들던 소년 출신'이라는 공통점에서 관심을 보였거나, 혹은 그만의 뛰어난 재주에 신뢰감을 가졌을지도 모른다.

하지만 그게 전부였을까. 확실히 히데요시는 사소한 꽃놀이조차 일대 지역 축제로 만들 만큼 화려한 것을 좋아하는 인물이었지만, 한편으로는 매우 섬세한 마음 씀씀이를 가진 것으로 알려져 있다. 그리고 그런 섬세함을 통해 주변의 괴로움이나 고민을 잘 읽고, 그 가려운 부분을 긁어주는 세심함을 갖고 있었다.

제아무리 히데요시라 할지라도 화가 쌓이고 푸념을 늘어놓고 싶었을 것이다. 전란의 시대, 적을 쓰러뜨리고 상대의 목을 쳐야 하는 일들이 계속되었다. 한 걸음만 삐끗하면 반대로 자신이 쓰러지고 목이 잘리게 된다. 단 한 번의 실수도 용납하지 않는 살얼음판 같은 시대에 느꼈을 정신적 긴장이라는 건 실로 엄청났으리라.

더구나 히데요시가 모신 노부나가는 성격도 급하고 다루기 쉽지 않은 장군이었다. 그런 노부나가를 주군으로 모시며 그 역린을 건드리지 않고자, 명받은 일의 성과를 올리기 위한 히데요시의 고심은 컸을 것이다. 자신은 돕고 싶어도 윗사람의 명령으로 돕지 못했을 때 느낄 인간적 고뇌도 상당했으리라.

그런 고뇌와 푸념을 히데요시는 누군가에게 호소하고 싶었을 것이다.

"엄청 화가 나. 뭔가 부아가 치밀어 미치겠어."

이렇게 하소연하고 싶었을 것이다.

그렇지만 그것을 무턱대고 털어놓을 수 없었다. 자칫 큰 문제로 비화될 수도 있으므로 그는 아무한테나 푸념을 늘어놓을 수 없었다. 시간이 흘러 그것들이 하나둘 쌓이다 보면 어느새 신경쇠약에 이를지도 모른다.

하지만 실제 히데요시가 신경쇠약에 빠지지 않고, 거꾸로 시종일관 활발한 성격을 유지할 수 있었다면 아마 그 푸념과 괴로움을 털어놓을 상대가 있었기 때문으로 추측된다. 나는 그것이 미츠나리가 아니었을까 생각한다. 여러 가지 괴로움을 호소하는 주군 히데요시의 푸념을 미츠나리가 잘 들어주었을 것이다.

"잘 알겠습니다……. 그렇군요……. 크게 걱정하지 마십시오……."

말하자면 미츠나리는 히데요시의 정신적 노폐물을 잘 받아 처리했던 사람인 것이다.

그런 과정을 통해 히데요시는 기분전환이 되고, 다시 의지를 다지며 맹활약할 수 있었다. 물론 그것만으로 천하를 얻을 수는 없었을 것이다. 만일 후쿠시마 마사노리처럼 무공이 뛰어나도 히데요시의 세세한 마음속 고민을 충분히 캐치하지 못하는 측근이었다면, 히데요시도 혼자서 번민하다 신경쇠약에 빠지고 나아가서는 전국통일을 이루지 못했을 것이다. 따라서 나는 이렇게 생각한다.

'미츠나리를 얻고 그 마음속 고민을 해소할 수 있었기에 비로소 전국통일도 이루지 않았을까.'

물론 이건 어디까지나 상상에 따른 추론이지만, 내 경험에 비춰 봐도 어느 정도는 맞다고 생각한다. 사장이든 부장이든 과장이든 그런 고충과 괴로움을 털어놓을 부하가 한 명이라도 있으면, 정신적으로 매우 건강할 수 있고 자신이 가진 역량도 충분히 발휘할 수 있다.

반면 일 잘하는 사람이 아무리 많아도 자신의 괴로움을 호소할 수 있는 부하가 없다면 금세 지쳐갈지 모른다. 그래서는 좋은 지혜도 나오기 어렵고, 자신의 역량도 충분히 발휘하지 못하게 된다.

누군가는 집에 돌아와 아내에게 푸념을 늘어놓을지도 모른다. 그런 것들 역시 스트레스 해소에는 도움이 되겠지만, 업무를 사생활의 연장선상까지 끌고 간다는 점에서 나쁜 면도 있다. 역시 상사는 자신의 부하 중에 고민거리를 털어놓을 수 있는 사람, 내 불평불만조차 잘 들어주는 이가 있다면 큰 도움이 될 것이다.

실은 나 자신의 다소 신경질적인 성격에도 불구하고 성공이 가능했던 요인으로 그동안 그런 이들에게 혜택을 받았다는 점을 들 수 있다. 여러 가지 고민이 있을 때 그것을 잘 들어주는 사람이 내 주위에는 비교적 많았다. 그래서 고충이나 어려움을 그때그때마다 토로할 수 있었다.

아무리 사소한 것들이라도 실컷 푸념하고 나면 마음이 평안해졌다. 마치 비 온 뒤 갠 듯한 기분으로 다시 한 번 일에 열중할 수 있었다. 그런 모습으로 오늘날까지 열심히 해온 덕에 지금의 내가 가능했던 것이다.

그래서 한 조직의 리더나 책임자는 그런 푸념을 언제든 할 수 있는 부하를 옆에 두는 게 바람직하다. 물론 업무적으로 훌륭한 부하, 회사 실적 면에서 큰 성과를 올린 부하도 중요하다. 하지만 업무적으로 그만큼 뛰어나진 않더라도 고충을 잘 들어주는 사람이 없다면, 리더나 책임자로서 성공하기 어렵지 않을까.

히데요시에게 기요마사나 마사노리처럼 용맹스러운 부

하도 물론 필요했다. 하지만 그런 사람만이 아니라, 마음 속 가려운 곳을 긁어줄 수 있는 미츠나리 같은 부하도 있었기에 비로소 히데요시의 지혜나 재각이 크게 발휘될 수 있었다. 이 모든 과정은 미츠나리라는 인물의 존재로 인해 비로소 가능했던 일이다.

그렇다면 누구나 그런 사람을 얻을 수 있을까. 이는 일종의 운명 같은 것으로, 능력이 뛰어난 리더라고 반드시 얻을 수 있는 건 아니다. 다만 개운치 않은 마음을 해소시켜줄 수 있는 사람의 중요성을 알고 그런 사람을 찾는 건 책임자 스스로가 능력을 충분히 발휘하고 자신의 조직을 키우는 과정에서 꼭 필요한 요소라고 생각한다.

동시에 부하들 역시 그런 점을 알고, 윗사람의 괴로움이나 푸념을 잘 들어줘야 한다. 비록 히데요시와 미츠나리만큼 열중하지는 못하더라도, 리더를 도와 함께 큰일을 성공시키는 데서 의미를 찾을 수 있을 것이다.

3장

사람을 키우다

13
사장은 차를 내오는 역할을
해야 한다

> 사장은 조직 구성원들에게 항상 목표를 보여줘야 한다. 그러면 그 목표 달성을 위해 구성원 모두가 열정적으로 노력해줄 것이다.

일찍이 나는 '사장은 차茶를 타서 내오는 역할을 해야 한다'고 말했다. 물론 여기에서는 실제로 사장이 차를 타서 내온다는 게 아니라, 그런 마음가짐이 중요하다는 점을 말하고 싶다.

그동안 나는 사장으로서 조직의 맨 앞줄에 선 채 어떤 일을 해나가기보다, 후방에서 직원들이 열정적으로 일할 수 있도록 도왔다. 전쟁 이전까지만 해도 세간에는 '사장은 주인, 직원은 하인'처럼 여기는 풍조가 남아 있었다. 그래서 사장의 명은 무조건 받들어야 할 절대 지시나 다름없었다.

하지만 전쟁 이후 정착된 민주주의 아래서는 사장, 직원할 것 없이 모두 다 한 인간으로서 평등하고, 그것이 사장의 지시라 해서 무조건 따라야 하는 것도 아니다.

이처럼 달라진 풍조에서는 직원을 보는 시각도 달라지게 된다. '직원을 부린다'기보다 '내 일을 대신 해주는 존재'처럼 인식하는 것이다. 형태상으로는 '이렇게 해라, 저렇게 해라' 명령하더라도 실질적으로는 '이렇게 해주길 부탁드립니다'처럼, 보다 공손한 형태를 띠게 된다. 그런 변화를 항시 마음속에 두지 않고는 사장이란 직책을 맡을 수 없다.

이 경우 직원들이 열심히 일을 해준다면 "고맙네, 정말 수고했어. 차라도 한 잔 어떤가?"하는 격려의 말이 자연스레 나오게 된다. 물론 이때 사장이 실제로 차를 타서 내올 필요는 없다. 그리고 직원이 많은 경우 그런 노고 치하를 한 명 한 명에게까지 일일이 할 필요도 없다.

하지만 사장이 그런 마음가짐을 갖고 있으면 아무리 불만이 있더라도 역시 그곳 직원들끼리는 서로 통하는 면이 있을 것이다. 그래서 나는 항상 그런 마음가짐을 기억하고, '오늘은 얼마만큼의 사람들에게 차를 타서 내왔나?' 스스로 돌이켜보며 반성하곤 했다.

앞서 나는 '사장은 차를 타서 내와야 한다'고 말했지만, 여기에는 한 가지 단서가 붙는다. '차를 타서 내오는 일이라도 사장이라면 단지 차만 내와선 안 된다'는 것이다. 여기에 또 하나의 조건이 반드시 필요하다. 바로 '방향 지시기'다. 결국 이를 조합해 보면 사장은 '방향 지시기가 붙은, 차를 타서 내오는 사람'이다.

사장은 후방에 있고 일은 직원들이 앞에 나서 해주는 모양새로도 충분하지만 단 하나, 가야 할 방향성만큼은 사장이 명확하게 지시해야만 한다. 이를 조금 더 크게 보자면 경영이념이자 미션, 보다 구체적으로는 그곳에 입각한 단기 목표를 명확히 제시하는 것이다.

그동안 나는 회사를 운영하며 그런 부분에 각별히 신경 써왔다. 매년 1월 10일 회사의 경영방침 발표회를 열어 그때그때의 방침이나 목표를 대내외에 공표했다. 예를

들어 1956년에는 '5개년 계획'이라는 장기 플랜을 발표
했다. 전년 매출이 약 200억 엔이었는데, 그것을 5년 뒤인
1960년까지 4배 수준인 800억 엔으로 늘린다는 목표를
제시한 것이다.

당시만 해도 정부나 공공기관이 장기 계획을 발표한 적
은 있지만, 민간 기업이 그렇게 공표한 적은 없었다. 내부
적으로 한 적은 있을지 몰라도 외부에 이를 공표한 경우
는 없었다. '그런 내용을 공표하면 괜히 경쟁 상대만 좋은
일 시킨다'고 봤기 때문이다. 그래서 어떤 회사도 이를 외
부에 공표하지 않았지만, 나는 그런 고충을 충분히 감안
하면서도 '굳이' 발표했다.

이 계획을 들은 직원들도 처음에는 깜짝 놀랐다. '현재
도 겨우겨우 200억 엔인데, 5년 만에 800억 엔은 너무 큰
목표 아니냐'는 것이다. 그래서 직원들끼리도 '새빨간 거
짓말'이란 농담을 하고 다녔다.

하지만 처음에는 놀랐던 직원들도 어느새 조금씩 달라
지기 시작했다. '사장이 저렇게까지 하는데……' 하는 마
음가짐을 갖기 시작하며, 직원들 각자의 입장에서 최선

을 다해줬다. 때마침 전 사회적으로 '전자제품 붐'이 일어 결국 계획했던 800억 엔을 4년 만에 조기 달성할 수 있었다. 그리고 처음 목표로 삼았던 5년째에는 1,000억 엔에 달하는 성과를 올려, 나뿐 아니라 모든 직원들이 깜짝 놀랐다.

이후 1960년에는 '5년 뒤인 1965년까지 주 2일 휴무제를 도입한다'고 발표했다. 당시 뉴스에 '무역 자유화'라는 말이 등장하며 일본 기업들도 점차 글로벌 경쟁에 맞닥뜨리는 상황이었다.

'한층 더 치열해진 업무 환경으로 근로자들의 심신이 지칠 것이고, 국제인으로서 다방면의 교양도 쌓아야 한다. 이를 위해 주 1일뿐인 휴가로는 부족하다. 그래서 1주일에 이틀 정도 쉬면서 하루는 휴식, 하루는 교양을 쌓을 필요가 있다. 지금부터 그 준비를 하나씩 해나가자'는 취지였다.

이 같은 계획은 곧 엄청난 반향을 불러일으켰다. 원래라면 그런 정책을 요구해야 할 노조가 '웬일인지' 처음에는 반대했다. '사장에게 무슨 꿍꿍이가 있을 거'라고 의심했기 때문이다.

하지만 이윽고 찬성으로 돌아 제도 도입에 적극 협력했고, 이후 예정대로 5년이 지나 주 2일 휴무제를 실시할 수 있었다. 물론 당초 우려했던 직원들의 급여나 매출 모두 떨어지는 일은 없었다.

한편 1967년에는 '현재 임금을 5년 뒤에는 두 배로 늘려, 유럽을 제치고 미국과 비슷한 수준에 이르게 할 것'이라고 발표했다. 나는 다른 부분에서 손해 보는 일 없이 임금을 미국 수준으로 만들고 싶었다. 이를 위해 회사와 임직원, 노조 모두 어떻게 하면 좋을지 고민하기 시작했다. 이때는 노조도 처음부터 전면적으로 찬성해 5년 만에 소기의 목표를 달성할 수 있었다.

그동안 나는 다양한 계획들을 대외적으로 공표하고 이를 달성하기 위해 노력했다. 물론 그런 소기의 성과들을 온전히 내 힘만으로 이뤄낸 건 아니다. 만일 그것을 내 힘만으로 이루려 했다면 불가능했을지 모른다. 나는 단지 그때그때마다 적절한 목표를 제시했을 뿐이다.

'이 같은 성공은 결코 나 혼자 이뤄낸 게 아니다. 그 목표를 달성할 수 있었던 건 모두 여러분들 덕이다. 나는 그저 목표만 제시했을 뿐, 나머지는 모두가 함께 고민하고 노력한 결과다.'

그래서 나는 그런 직원들의 노고에 대해 항상 마음속으로 '차를 타서 내오면서 격려했을 뿐'이다.

결국 리더로서 중요한 건 '조직 구성원들에게 적절한 목표를 제시하는 것'이다. 만일 적정 목표가 주어진다면, 이후에는 대부분의 사람들이 자유롭게 자신의 아이디어와 능력을 발휘해줄 것이다. 이때는 어설프게 참견하지 않아도 된다. 리더로서도 그만큼 편한 것이다.

하지만 목표가 제대로 주어지지 않으면 직원들도 뭘 해야 할지 모르기 때문에 특별히 열의를 갖기 힘들다. 따라서 충분한 노력도, 일의 성과도 얻을 수 없다.

물론 이러한 노력을 사장만 기울여서는 안 된다. 부장, 혹은 과장처럼 하나의 부서나 팀을 맡은 사람도 항시 그 점을 유념해야 한다. 사장은 회사의 목표를 보여준다. 이에 기초해 부장은 부서의 목표를, 과장은 과의 목표를 각각 제시한다. 그런 과정들이 제대로 이뤄지면 각자가 가진 능력을 충분히 살릴 수 있고, 조직 전체적으로도 성과를 올릴 수 있다.

결국 책임자로서의 역할은 '목표를 주는 데서 시작하고 끝난다' 해도 결코 과언이 아니다.

14
직접 경험하게 하라

중소기업에서는 매일매일 업무를 통해 직원 스스로 임상가로 성장하기 쉽지만, 대기업이 될수록 살아있는 업무 경험을 갖기 위한 노력이 반드시 필요하다.

나는 사람을 키울 때 '직원을 임상가臨床家, 통제된 환경에서 고객과 직접 일하는 전문가, 다양한 업무 경험을 통한 실무적 전문가 – 옮긴이로 키우는 것이 가장 중요하다'고 생각한다. 사업은 말하자면 생물 같은 것으로 시시각각 변화한다. 그런 유동적인 환경에서 일을 해나가는 사람은 단지 머릿속의 이론만이 아니라, 실제 경험을 통해 살아있는 업무 방식을 익힐 필요가 있다.

임상가는 단순히 학교 공부만으로 길러지지 않는다. 물론 개중에는 특별히 우수한 사람이 있어 학교를 졸업하자

마자 큰 성공을 거두는 경우도 있지만, 보통은 그렇지 못한 경우가 대부분이다. 역시 현장에서 겪는 비즈니스 경험이 무엇보다 중요하고 또 필요하다.

그런 의미에서 보자면 사람을 키우기 좋은 건 '구성원이 비교적 적은 중소기업'이다. 업무가 너무 세분화되어 있지 않은 중소기업이라면 회사의 전체상을 일목요연하게 볼 수 있다. 사장도 사내 구석구석까지 챙길 수 있고 직원 한 명 한 명과도 언제든지 대화할 수 있다. 그런 환경에서는 특별한 교육이나 훈련 없이도 매일매일의 일을 통해 직원 스스로 임상가로 성장할 것이다.

이는 실제 내 경험에 비춰봤을 때도 그랬다. 사업을 막 시작해 직원 수가 얼마 안 되었을 때는 오전에 만든 물건을 오후에 팔러 가거나, 그날 만든 물건을 다음날에 팔러 가야 했다.

이때 나는 방문한 각 판매점의 사장들과 여러 가지 대화를 나눴다. 그러던 중 우리 제품에 대한 비판이나 불만의 목소리를 들을 수 있었다. 물론 우리 제품을 칭찬해줘 기쁜 경우도 있었지만, 따가운 질책에 씁쓸할 때도 있었다.

그런 비판을 듣고 온 날에는 우리 제품을 뜯어 개량에 개량을 거듭해, 다음날 그곳에 다시 팔러 갔다. 그런 경험 속에서 살아있는 업무 경험을 몸소 익혀 한 명의 임상가로 성장할 수 있었다.

그렇게 중소기업은 사람을 키우기 쉽지만, 회사 규모가 점점 더 커질수록 사람을 키우는 게 어려워진다. 일이 지나치게 세분화되어 특정 부문, 혹은 자신의 담당 업무만 알게 되기 때문이다. 개별 업무에 대해서는 전문 지식을 가져도 경영 전반, 혹은 비즈니스의 거시적 관점에 무지한 이들이 많아진다.

예를 들어 제품을 설계하는 사람이 시장 상황이나 수요 쪽의 목소리를 잘 모르는 경우가 있다. 또 같은 세일즈 업무에 종사해도 밖에는 나가지 않고, 사무실 책상에만 앉아 판매 계획을 세우는 이도 있을 것이다. 그래서는 살아 있는 업무를 좀처럼 익히기 어렵다. 역시 어떤 일이든 경영 현실을 명확히 알고, 그 위에 각자의 전문 지식을 갈고 닦아야 한다.

그렇다면 살아있는 업무가 가능한 임상가를 어떻게 키울 수 있을까. 이는 말처럼 쉽지 않다. 만일 경영자나 상사가 각자의 경험에 기초해 여러 가지 조언을 한다면 밑의 직원들이 임상가로 성장할 수 있을까. 단언컨대 결코 그것만으로는 불가능하다. 이는 학교 공부만으로 사람을 키울 수 없는 것과 같은 이치다.

소금이 짜다는 건 누구나 안다. 그리고 설탕이 달다는 것 역시 누구나 알고 있다. 그건 우리가 직접 소금이나 설탕을 먹어보고, 그것이 짜고 달다는 사실을 깨달았기 때문이다. 하지만 소금이나 설탕 모두 직접 먹어보지 않으면 그 맛을 제대로 설명할 수 없다. 이는 회사의 업무 역시 마찬가지다.

그렇다면 그런 경험을 어떻게 할 수 있을까. 앞서도 이야기했듯 회사가 커지면 커질수록 업무는 세분화되고 전문화된다. 이에 따라 자신의 전문 분야 이외의 경험을 갖기란 좀처럼 쉽지 않다.

그래서 경영자나 상사는 항상 그런 현실을 직원, 혹은 부하에게 호소해, 이들도 그런 마음가짐을 갖게 하는 것이 중요하다. 만일 그런 마음가짐이 조직 내 구성원들에게 모두 전해지면 다채로운 경험이 가능해져, 이들이 한 명의 임상가로 성장할 가능성도 그만큼 커진다.

이와 함께 나는 신입사원으로 들어온 이들을 곧바로 현장에 내보내 몇 달씩 실습시켰다. 사내 공장의 생산라인에서 제품 생산을 돕거나, 아예 회사 밖으로 나가 판매점의 일손을 돕도록 하는 것이다.

이렇게 3개월에서 6개월 정도 거치다 보면 판매점에서 이뤄지는 대부분의 일을 파악하게 된다. 그리고 그 지점에서 거래상의 고충이나 소비자 요구라는, 현장의 목소리를 직접 듣고 체험할 수 있다.

매장을 찾는 고객 중에는 물건을 살 때 가격을 깎아 달라고 요구하는 이가 적지 않다. 그런 고객과 각종 교섭을 벌여야 한다.

또 직접 물건을 싣고 멀리까지 배달해줘야 할 때도 많고, 그렇게 일을 마치고서 대금을 바로 받지 못할 때도 많다. 대금 지급을 계속 미루는 고객도 있다. 극단적인 경우 아예 떼먹으려는 고객까지 있을 것이다.

반대로 그중에는 '자네, 좋은 제품을 추천해줘서 고맙네', '직접 써보니까 정말 편리하더구먼'처럼 칭찬하고 격려해주는 고객도 있을 것이다. 직원으로서 이 같은 현장 경험을 몸소 익히다 보면 마침내 한 명의 임상가로 성장할 수 있다.

물론 3개월에서 6개월 정도의 단기 체험에 지나지 않아, 이들 모두가 임상가로 성장한다는 보장은 없다. 시간이 지나 아예 현장 경험을 잊어버리는 이도 있고, 경험을 충분히 업무에 살리지 못하는 이도 있을 것이다.

하지만 그런 제도를 처음 10여 년간 시행하자 '그때의 경험이 현재 업무 수행에 큰 도움이 되었다'는 목소리가 여기저기서 나왔다. 그런 변화를 생각하면 해당 제도 자체가 완전히 무의미했다고는 볼 수 없다.

이 같은 방식이나 제도를 모든 업종에 도입하기는 어려울지 모른다. 어쩌면 수많은 판매점을 고객으로 둔 우리 회사이기에 비교적 손쉽게 도입해볼 수 있던 제도였을지도 모른다. 하지만 방법 여하와는 별개로, 각각의 업종 나름대로 이런 체험들을 통해 임상가로 육성한다는 발상 자체가 필요하지 않을까. 중요한 건 그런 제도의 필요성을 충분히 인식하는 것이다. 그러면 그 제도를 운영하는 방식은 각 회사나 조직에 맞춰 다양하게 고안해볼 수 있다.

15
아랫사람의 말에 귀를 기울여라

자유로운 의지, 자주적인 책임을 갖고 일할 때 사람은 가장 성장한다. 이를 위해 상사는 부하의 말에 항상 귀 기울이고, 가급적 그 의견을 수용해 쓰는 것이 중요하다.

두 명의 상사가 있다. 능력적으로는 둘 다 엇비슷하다. 다만 한 상사 아래서는 부하들이 잘 성장하고 열심히 일하지만, 또 다른 상사 아래서는 부하들이 활기가 없고 별로 성장하지 못한다. 우리 주변에서 흔히 볼 수 있는 광경이다. 대개 비슷한 능력과 열정으로 일하지만, 그 아래서 성장하는 사람과 성장하지 못하는 사람이 있다. 이 같은 결과 차이는 말하자면 '사람을 잘 쓰는 사람과 잘 쓰지 못하는 사람의 차이'라고 할 수 있다.

그런 차이가 나오는 이유에 대해 여러 가지가 있겠지만,

나는 '부하의 말에 얼마나 귀 기울이는지' 여부를 가장 큰 이유로 본다. 평소 부하가 말하는 이야기를 귀담아듣는 사람 아래서는 비교적 사람이 잘 성장한다. 반면 평소 부하의 말에 귀 기울이지 않는 상사 밑에서는 부하의 인격적인 성장도, 업무적인 발전도 기대하기 어렵다.

그렇다면 왜 그런 차이가 발생할까. 상사가 부하의 말에 귀를 기울이면, 부하가 자주적으로 생각해 그것이 곧 부하의 성장에도 기여한다고 보기 때문이다. 자신이 말한 것을 상사가 잘 들어주면 부하 입장에서도 기쁘고 자신감을 갖게 된다. 그리고 계속해서 새로운 아이디어를 생각해 제안할 것이다. 이를 통해 부하는 시야의 폭이 넓어지고 사고의 깊이도 한층 더 깊어진다.

반면 자신의 말을 상사가 귀 기울여주지 않는다면, 부하 입장에서는 재미없고 자신감도 결여되기 십상이다. 그런 경험이 몇 번 생기다 보면 '말해봐야 별 수 없다'는 자포자기 심정으로 아예 입을 닫거나, 새로운 아이디어를 생각하려고도 들지 않는다. 그저 타성에 젖은 채 성장도 멈춰버리고 말 것이다.

물론 일반적인 경우 상사와 부하 중 상사가 경험이 더 많고, 일에 대해서도 더 상세히 아는 경우가 많다. 대개 부하는 일에 대한 지식이나 경험이 상사보다 일천하다. 그래서 부하가 나름대로 의견을 제안해도 상사 눈에는 별 것 아닌 것처럼 보일 수 있다. 또 바쁠 때 일일이 그 내용을 경청하지 못하는 경우도 있다.

하지만 어떤 경우에도 중요한 건, '귀를 기울인다'는 적극적인 태도만큼은 항상 가져야 한다는 점이다. '진짜 좋다, 괜찮다'고 여겨지는 것만 듣는 게 아니라, '다소 문제가 있다'고 느끼는 경우에도 '자네가 그렇게 생각한 거라면 한 번 해보자'고 대답하는 것이다.

그동안 나 자신이 그렇게 해왔다. 간혹 실패도 있었지만, 대개는 성공하는 경우가 훨씬 더 많았다. 그리고 이를 통해 부하도 성장하고, 사내 곳곳에서 다양한 의견과 아이디어가 나오기 시작했다.

결국 사람을 키울 때에는 '부하가 자유로이 의견을 개진할 수 있는 분위기를 만들면서, 부하의 의견에도 충분히 귀 기울이고 그것을 적극적으로 다루는 점'이 중요하다. 이를 잘하면 회사가 가진 역량과 중지衆智. 여러 사람의 지혜-옮긴이를 모으게 되고, 중지가 모이면 상사 혼자의 생각이나 재주로 임하는 것보다 훨씬 더 높은 성과를 올릴 수 있다. 그래서 부하의 의견에 귀 기울이는 사람 아래서는 사람도 성장하고, 일의 성과도 오르는 선순환 구조가 만들어지게 된다.

이와 동시에 상사가 부하에게 뭔가를 명했을 경우 '명령이 아니라 가급적 상담하는 형태로 진행하는 것'이 중요하다. 단지 '이렇게 하라'고 지시하는 게 아니라 '이런 것을 하려는데 자네 생각은 어떤가?', 혹은 '자네가 해주겠나' 같은 형태 말이다. 그렇게 하면 부하도 '알겠습니다. 말씀하신 대로 해보겠습니다'라거나 '괜찮은 생각이신 것 같습니다. 그럼 이렇게 해보는 게 어떨까요?'처럼 보다 적극적으로 의견을 제시하는 경우가 많다.

그렇게 부하의 의견이 하나둘 더해지다 보면 더 나은 방안이 나올지 모른다. 또 상담하는 형태로 이뤄지면, 거기에 부하로서의 판단이 더해지기 때문에 어떤 업무든 자주적으로 대처하게 된다.

이를 단지 명령조로 말하는 건 부하 입장에서도 '(시키는) 명령에 따르는' 게 되어버린다. 그런 패턴도 나름대로의 상황에 맞는 부분이 있겠지만, 역시 그것만으로는 부하의 충분한 성장을 기대하기 어렵다.

물론 각각의 직장마다 사정이 있고 형태상 명령조인 경우도 있을 것이다. 하지만 그런 경우에도 마음속으로는 항시 상담하는 형태로 임하는 게 중요하다. 그러면 '이렇게 하라'고 말할 때보다 훨씬 더 큰 울림으로 다가갈 것이고, 그것이 결과적으로 부하의 성장으로도 이어질 것이다.

사람은 자유로운 의지와 자주적인 책임에 따라 일할 때 가장 즐겁다고 느낀다. 그리고 창의적인 열정이 있을 때 업무 성과도 오르고 성장도 기대할 수 있다. 따라서 사람을 키우기 위해서는 그런 자유로운 의지와 자주적인 책임을 부여할 수 있는 환경을 조성하는 게 무엇보다 중요하다. 그래서 상사는 부하의 의견에 귀 기울이면서 상담하는 형태로 일을 진행해가는 모습이 가장 바람직하다.

16
관용과 엄격함을 두루 갖춰라

무서움을 모르는 게 가장 위험하다. 사람은 무서운 것이 있을 때 비로소 자신을 바르게 다스리려 한다. 안이한 온정주의는 도리어 사람에게 큰 해를 끼칠 수 있다.

어느 날, 거리의 파출소 앞을 지나며 특이한 광경을 목격했다.

파출소 앞에서 어떤 사건이 벌어진 듯했다. 젊은 남자 하나가 경찰관 둘을 무척이나 성가시게 하는 모습이었다. 어떤 사정이 있는지는 모르겠지만, 그 남자는 큰 목소리로 떠들며 난폭한 행동을 보이고 있었다. 그는 주변 사람들이 모두 쳐다볼 만큼 시끄럽게 소동을 일으키고 있었다. 경찰관 둘이 그 남자를 제어하려 했지만, 그는 도리어 경찰관들에게 발길질하거나 주먹을 휘둘러댔다.

그런 상대의 난폭한 행동에도 불구하고, 경찰관 둘은 '마치 비폭력주의자 같은 태도'를 취할 뿐이었다. 그들은 남자가 발로 차는 대로 얻어맞고, 얼굴을 칠 때도 아무런 대응을 하지 않았다.

나는 이 모습을 보고 적잖이 놀랐다. 그 인내력과 참을성 있는 태도에 놀랐다기보다, 오히려 어처구니없는 광경이 내 눈앞에 벌어지고 있는 데 대한 놀라움이었다.

제아무리 경찰관이라도 사람이다. 누군가 자신을 그렇게 발로 차고 때리면 화가 나거나, 경우에 따라서는 욱한 마음에 주먹이 먼저 올라갈 법도 하다.

나는 이것이 당연한 인지상정이라고 생각하지만 두 경찰관은 남자의 행패에 크게 당황하는 기색 없이, 지극히 민주적인 태도로 상황을 마무리 지으려 했다. 나는 그 모습을 보고 감탄했지만, 한편으로 '저래도 괜찮을까?' 하는 의문을 가질 수밖에 없었다.

경찰은 사회 질서를 지키고 국민이 '두 발 뻗고 잘 수 있도록' 치안을 유지해야 할 사명, 혹은 책임을 안고 있다. 바꿔 말하면 국민이 법을 지키고 이를 위반하지 않도록 유도할 책임이 있는 것이다.

법 위반은 사회 질서의 혼란을 야기하기 때문에, 법을 위반한 사람은 체포되어 적절한 처분을 받아야 한다. 하지만 그 전에 법을 어기지 않도록 철저히 감시하는 일련의 활동도 중요하다. 누군가 나쁜 짓을 했을 때 잡아서 처분하기보다, 안 보는 척하면서도 철저히 감시해 사회 질서 자체가 깨지지 않도록 유도하는 것이 더 바람직하다.

사람은 다루기 힘든 면도 있지만, 일단 교양과 덕성을 쌓고 의무 관념만 배양하면 오히려 별 노력 없이도 법이나 질서를 준수할 수 있는 합리적 존재다. 다만 현 상황에는 그런 사람들의 자율의지보다, 철저한 감시를 통해 법 위반 사례를 줄이는 것이 무엇보다 중요하다.

누군가를 이끌어갈 때 성심성의껏 가르쳐주는 게 중요하다. 하지만 엄격히 단속해야 할 때는 역시 권위를 갖고 단호히 대응할 필요가 있다. 이를 통해 사회 질서도 한층 더 효과적으로 지켜질 수 있다.

석가모니는 "사람을 먼저 보고 법을 말하라"고 말했다.

상대에 따라 꼭 감시해야만 규칙을 지키는 사람도 있지만, 특별한 지시 없이 지키는 사람도 있을 것이다. 이 중 잘 이야기해도 못 알아듣는 사람에게는 엄격히 제약을 가해 주의를 촉구할 필요가 있다.

앞서 소개한 이야기처럼 한 남자가 경찰관 둘을 때린다. 맞은 이들은 크게 흥분하지 않고 차분하게 남자를 제압하려 한다. 하지만 만일 그 광경을 젊은 친구들이 봤다면 어떻게 받아들일까. 이는 매우 중요한 문제다.

오히려 이런 경우 그 남자가 막무가내식 행동을 계속하면, 그것을 멈추게 하는 의미로 경찰관이 뺨을 한 대 후려칠 만큼 단호한 태도를 갖길 바라지 않았을까. 그렇게 하면 아무리 난폭한 상대라도 '이래선 안 되겠다'며 생각을 고쳐먹고, 그 광경을 지켜본 젊은이들 역시 '경찰관의 대응이 훌륭했다'고 여길 것이다.

이처럼 단호한 형태의 대처가 민주적이지 않다고 여겨 행패 부린 사람을 그대로 놔둔다면 어떻게 될까. 말만으로 사회 질서를 지킬 수 있다면 다행이겠지만, 요즘 세상을 보면 그 반대다. 흉악범죄가 끊이질 않고 급기야 파출소가 습격당하는 사건까지 벌어지고 있다.

결국 어떤 문제를 해결하기 위해서는 엄격함만으로는 불가능하다. 그렇다고 관용의 모습만으로도 충분치는 않다. 역시 관용과 엄격함을 겸비했을 때 비로소 사회 질서를 바로잡을 수 있는 확률도 커진다. 관용과 엄격함을 두루 갖추는 것이 무엇보다 중요한 이유다.

나는 그 광경을 보고 그런 깨달음을 느꼈지만, '사람을 먼저 보고 법을 말하라', 혹은 '관용과 엄격함을 두루 갖춰라' 같은 명제는 사실 사람을 쓰고 키우는 경우에도 반드시 필요한 덕목이다. 개중에는 어떤 주의나 질책 없이도 항상 스스로를 엄격히 다스리는 훌륭한 사람이 있을지 모른다.

하지만 사람은 다루기 힘든 면이 있다. 엄한 주의나 질책, 바꿔 말하면 어떤 종류의 무서움이라는 게 주어지지 않으면 상황을 안이하게 받아들이곤 한다. 무서움이 있을 때 비로소 스스로를 엄히 다스리는 게 또 사람이다.

그래서 상사는 항시 그런 종류의 무서움이나 엄격함을

가져야만 한다. 물론 그렇다고 하루 종일 무서운 얼굴을 한 채 앉아있어야 한다는 건 아니다. 평소에는 상냥하게 부하를 상담하는 형태로 대하며 이끌어줘야 한다.

하지만 뭔가 잘못이 있어, 이를 바로잡아야 할 때는 엄히 주의를 주고 질책하는 자세를 가져야 한다. 그것을 어중간하게, 혹은 장난삼아 대충해서는 조직의 질서도 지키기 어렵고, 결국 사람도 제대로 키우지 못할 것이다.

사원은 과장이 무섭고, 과장은 부장이 무서우며, 부장은 사장이 무서워야 한다. 그리고 사장은 소비자들의 여론을 가장 무서워해야 한다. 이처럼 조직 구성원들은 각자의 입장에서 무서움을 느끼면서 자신을 바로잡고 성장을 추구해야 한다. 안이한 온정주의는 도리어 사람에게 해를 끼치지만, 오늘날의 사회는 그런 풍조가 강하다 못해 도리어 조장하는 면도 있다.

사람을 쓰는 사람은 한쪽에 단호함을 가지면서도, 때로는 상냥하고 때로는 엄하게, 관용과 엄격함을 두루 갖추는 것이 무엇보다 중요하다.

17
세부적인 사안을 기억하지 말라

제품이 다양해지고 기술이 고도화되면서 우리 회사의 제품조차 잘 모르는 경우가 많다. 하지만 그것이 도리어 일을 더 빠르게 진행시키는 면도 있다.

몇 년 전 내가 아직 회장으로 활동하며 회사의 여러 사안들을 직접 챙길 때의 일이다. 간혹 경영에 대한 내 경험을 듣고 싶어 하는 이들을 위해 간담회를 열곤 했다. 그 자리에서 나는 "최근 들어 업무에 관해 세부적인 사안을 기억하지 않으려 한다. 그런 개별적인 사실이나 지식을 모른 채 일하고 있다"고 밝혔다.

그러자 간담회에 참가한 사람들이 "어떻게 그런 일이 가능하죠? 그렇게 하면 회사를 제대로 운영할 수 없을 텐데요" 같은 의문을 연이어 던졌다.

우리 회사는 점차 제품의 종류가 늘어나고 업무 범위도 훨씬 넓어지고 있다. 또 기술적인 면에서도 매우 고도화되고 있다. 그런 회사의 총책임자라면 상당한 지식이 필요할 것이다. 그래서 '가능한 한 지식을 늘리고 세부적인 사안을 기억하고자 노력한다'면 이해하겠지만, 그 반대로 '기억하지 않는다'는 말에 사람들은 어딘지 수상쩍다는 생각이 들었던 모양이다. 어쩌면 '그런 안이한 자세로 회장직을 제대로 수행할 수 있겠느냐'는 힐난이 포함되었을지 모른다.

이는 정확한 질문이자 의문이라고 생각한다. 기본적으로 경영자는 시시각각 변하는 상황에 맞춰 여러 가지 결단을 내리고 특정 사안을 정해야만 한다. 그것도 단지 정하는 데서 끝나는 게 아니라, 그 결정을 통해 어떤 결과물을 내놓아야 한다. 이를 위해서는 회사 업무에 대해, 또 제품이나 기술에 대해 여러 가지를 알아야 한다. 한 조직의 리더라면 당연히 그래야 한다.

그리고 실제 이것이 30~40년 전이었다면 나도 그 기대를 어느 정도 충족시키려 노력했을 것이다. 일정한 지식이나 이해를 바탕으로 각각의 사안을 판단하고 결정했을 것이다.

그렇다면 왜 최근에는 사안을 세부적으로 기억하지 않을까. 솔직히 '더 이상 그런 내용들을 일일이 기억하기가 어렵다'는 현실적 한계 때문이다. 어설픈 지식이나 이해로는 도저히 따라갈 수 없을 만큼, 현재의 업무 폭은 넓고 기술적으로도 상당히 발전했다. 굳이 그 전부를 알려고 한다면 상당히 피곤할 것이다. 실제로는 그런 이해 자체가 거의 불가능할지도 모른다.

그렇다면 특정 사안에 대해 어설프게 아는 것보다 아예 모르는 게 나을 수 있다. 때로는 어중간한 지식이 무지無知보다 더 무서울 때가 있다.

그럼 경영자는 어디에 의존해야 할까. 아니다. 도리어 그 과정을 거치며 경영자는 어딘가에 의존하지 않는, 자주적인 인식이 생길지 모른다. '아무것도 모르는 무지함으로 과연 일을 잘해 나갈 수 있을까?' 이런 의문을 가질 수도 있다.

하지만 그런 우려에도 불구하고 지금껏 나, 그리고 우리 회사는 충분히 잘해 왔다. 아니, 나는 그런 방식 자체에 오히려 일정한 장점도 있다고 생각한다. 때로는 그런 방식이 특정 상황의 결과물을 빨리 내놓거나, 어떤 특정 사안이 빠르게 진전되기도 한다.

예를 들어 각각의 담당자가 사장에게 어떤 제안을 하거나 결재를 받으러 온다. 그때 사장이 자신의 지식을 쌓아 상대가 말하려는 바를 충분히 이해하고, 그 이해에 기반해 사안을 판단하려다 보면 시간이 꽤 걸린다. 설명을 듣고 잘 모르는 점에 대해 '이건 왜 이렇고, 저건 또 왜 저런지' 일일이 묻고, 그래도 잘 모를 때는 '조금 더 생각해볼 테니 그때까지 잠시만 결재를 기다려 달라'고 요청할지 모른다.

그것이 한두 번이면 상관없겠지만, 상당수의 담당자나 책임자를 매번 불러 이야기를 듣고 이해한 뒤 결재할 수도 없는 요량이다. 그러기에는 시간이 너무 소요되어 중요한 사안에 대한 결정의 시기를 놓치거나 모처럼 나온 좋은 제안도 제대로 살리기 어려울지 모른다.

오히려 그보다는 부하의 제안을 들어보고, 경영적으로 봤을 때 큰 잘못만 없다면 "자네가 봤을 때 괜찮다고 생각하는가? 그렇다면 한 번 해보게"라고 말하면 된다. 그럼 이 사안은 순식간에 끝나버린다.

물론 그 경우 부하들이 각 부문의 담당자로서 풍부한 지식을 갖고, 추진 의욕도 충분히 가져야 한다는 건 더 말할 필요도 없다. 또 그런 사람이 가져온 제안, 혹은 의견이라면 담당자 스스로 충분히 연구한 뒤 이것이 좋다고 생각되는 안을 가져왔을 것이다. 어제, 오늘 들어온 신입사원이라면 몰라도, 어느 정도 지위에 있는 사람이라면 그 나름의 경험과 지식을 쌓아왔을 것이다. 그런 사람이 자신의 지식이나 경험적인 측면에서 최선이라 생각해 만들어온 안을, 사장이 직접 이해하고 구체적으로 '이렇게 해라, 저렇게 해라' 지시하는 건 대개 시간 낭비에 그칠 공산이 크다.

그러므로 그 사안을 완벽히 이해하지 않아도 된다. 이해하지 않은 상태에서도 채택할지, 아니면 반려할지를 결정해야 한다. 이 같은 신뢰와 책임위양이 없다면 회사는 원만히 운영될 수 없다.

물론 회사 경영적으로 봤을 때 '기본 방침에 어긋난다' 면 그건 논외겠지만, 그런 경우는 사실 거의 없다고 봐 도 무방하다. 다만 열에 하나 정도는 소위 '위에서 봤을 때' 걸리는 부분이 있다. 그래서 그때는 '이것이 업계, 혹 은 사회 전체적으로 봤을 때 문제의 소지가 있다'고 지적 하는 경우가 있다. 하지만 그렇지 않을 때는 일일이 참견 하는 게 시간이 더 걸리고 도리어 더 큰 낭비가 발생할 수 있다.

물론 이런 방식이 무조건 좋다곤 할 수 없다. 과학적이 든, 이론적이든 이런 방식의 시비를 논해 봤자 명확한 결 론을 내리기는 어렵다. 이는 내가 오랜 시간 사람을 써온 경험을 통해 얻은 하나의 교훈이며, 거기에는 일종의 감感 같은 것이 작용했을지도 모른다.

다행히 내 경우에는 그런 경험과 감이 큰 오류 없이 작 동했다. 그런 의미에서 조직이 커질 때 이런 방식을 한 번 쯤 참고해보는 게 어떨까. 아마 원활한 업무 수행에 도움 이 될지도 모른다.

18
좋은 사회인을 육성하라

옛 상점에서는 업무와 함께 예의범절이나 올바른 사고방식을 익힐 수 있었다. 회사는 '훌륭한 사회인을 기르는 장'이라는 사실을 항시 잊어선 안 된다.

사람을 키우는 인재 육성이 가장 중요하다는 건 새삼 더 말할 필요가 없다. 사람을 키우지 않고 기업이 발전하기란 불가능하다.

'사람을 키운다'고 할 때 우리는 그 의미를 어떻게 해석하고 있을까. 그것을 매우 좁은 범위로 생각하고 있지는 않은가. 즉, 이 회사를 위해 도움이 되는 사람, 일 잘하는 사람만 키우는 것을 인재 육성으로 여기진 않은가.

물론 이런 것들도 '사람을 키운다'는 대명제 속에 포함된다. 앞서도 이야기했듯 기업은 사회의 공기이며, 이들은 각각의 사업을 통해 사회에 공헌한다. 그러므로 회사에 도움이 되는 사람, 일 잘하는 사람을 키운다는 건 사회적 공기로서만이 아니라 회사의 사명을 달성하는 과정까지 포함한다. 결국 그런 관점에 기반해 사람을 키우는 게 중요하다.

대개 샐러리맨들은 개별 기업에 소속된 사람들이지만, 이 사회에서 공동생활을 영위하는 사회인이기도 하다. 그래서 좋은 기업인임과 동시에 좋은 사회인이 되어야 할 필요가 있다.

우리는 항상 주위 사람들과 조화를 이루며, 각 지역사회를 향상시키는 노력을 게을리해서는 안 된다. 공공장소에서 바른 공중도덕에 입각해 행동하는 것도 당연히 요구된다. 혹은 주권자로서 정치에 관심을 갖고, 선거에서는 정치적 식견을 통해 반드시 한 표를 던지는 의무도 다해야 한다.

또 해외에 나갈 때는 일본인으로서의 신용을 실추시키지 않기 위해, 아니 도리어 그 평가를 더 높일 수 있는 행동이 필요하다. 그런 면에서 '기업에서 일하는 사람들은 좋은 사회인이 되어야 한다'는 바람을 가져본다.

하지만 기업이 사람을 키운다고 할 때 단지 좋은 기업인, 좋은 임직원을 기르는 것만으로는 불충분하다. 따라서 '좋은 기업인임과 동시에 좋은 사회인을 키운다'는 점이 반드시 고려되어야 한다.

사실 기업 입장에서만 보면 어쨌든 일처리를 잘하고, 능력만 좋으면 인성은 2차 문제처럼 여길 수도 있다. 하지만 사회인이라는 점에서 보자면 역시 태도, 인성 모두 좋은 사람을 키우는 게 중요하다.

좋은 사회인을 키우는 건 비단 기업만의 역할은 아니다. 기업에 들어오기 전 누구나 가정교육, 학교교육을 받게 된다. 또 최근에는 사회로 나온 뒤 받게 되는 사회교육도 상당히 중시되고 있다. 당연히 그런 것들 모두 중요하다. 따라서 각 단계별로 받는 교육을 제외하고, 온전히 기업만의 노력으로는 좋은 사회인을 키울 수 없다.

가정교육, 학교교육은 말하자면 '사람으로서의 기초를

가르치는 일'이다. 기초는 기초 그 자체로 명확히 가르쳐야 하나, 그 기초교육 위에 다양한 사회적인 연마과정을 거쳤을 때 비로소 한 명의 건전한 사회인이 완성되는 것이다. 물론 이 사회적인 연마과정을 거치는 장場은 앞서도 이야기했듯 비단 기업만이 아니다.

오늘날 사회에는 매우 다종다양한 직업이 있다. 그런 관점에 따르자면 모든 직장이 사회인으로서 거치는 교육의 장이 될 수 있다.

오늘날 많은 이들이 회사에 취직해 일하고 있으며, 하루 중 대부분의 시간 역시 회사에서 보내고 있다. 그렇게 보면 사회인 육성의 장으로서 오늘날 기업이 다하고 있는 역할은 매우 크며 그 책임 역시 상당히 무겁다. 이러한 점이 사람을 키우는 과정에서 명확히 인식되어야만 한다.

사실 이 같은 패턴은 예전부터 이뤄져왔다. 옛 상점에서는 그런 것들이 하나의 가르침 속에 포함되어 있었다.

나는 어린 시절 가게에서 더부살이를 했던 경험이 있다. 그리고 그때에는 손님에게 감사함을 표하는 인사말 한마디까지 주인에게 엄격한 교육을 받았다. 물론 이것은 상점에서 일하고 서비스 직무를 맡은 사람으로서 반드시 익혀야 할 매너였지만, 동시에 초등학교밖에 다니지 못했던 나에게는 꽤나 유익한 사회인 교육이었다.

최근 들어 기업들이 그런 부분을 지나치게 소홀히 다루고 있는 것 같다. 오늘날은 학교교육이 널리 보급되어 사회인 교육도 대부분 학교 쪽으로 위임되었다. 혹은 기업이 점점 커지면서 전문적인 교육을 외부업체에 맡기고 있지만 그 자체가 결코 바람직한 것은 아니다.

오늘날 여러 가지 형태로 기업에 대한 비판이 제기되고 있다. 그것도 단지 국내만이 아니라 외국에서도 기업에 대한 문제 제기가 다발하고 있다. 그런 비판 중에는 오해에서 비롯되었다든지, 어떤 불순한 의도를 갖고 이뤄지는 경우도 적지 않다. 하지만 나는 그런 비판이 나오는 것 자체가 기업에게도 그 나름대로 반성할 점이 많기 때문이라고 생각한다.

기업이 반성해야 할 이유 중 하나는 앞서 이야기한 '기업이 좋은 사회인 육성에 소홀했다'는 측면도 분명 있다. 오늘날 외국에서 일고 있는 비판도 기업에서 파견된 사람들의 태도나 마음가짐 여하에 따라 상당 부분 바뀔 수 있지는 않을까. 그런 점에서 봤을 때 '좋은 사회인을 육성한다'는 명제를 항시 염두에 두고, 각 기업 경영자들이 좋은 임직원, 좋은 사회인이라는 목표에 따라 사람을 키우는 것이 무엇보다 중요하다.

4장

사람을 살리다

19
운을 생각하고 감안하라

같은 군인이라도 어떤 이는 빗맞은 포탄에 맞아 죽는가 하면, 어떤 이는 갖은 위험 속에서도 구사일생한다. 사람을 뽑거나 등용하는 과정에도 반드시 운을 생각하고 감안해야 한다.

러일전쟁 때 벌어진 쓰시마 해전對馬海戰[12]에 대한 이야기를 들은 적이 있다.

'일본의 연합함대가 러시아의 발틱함대를 격침시키며 승리를 거둔' 사실은 일본인이라면 누구나 알고 있을 것이다. 그때 발틱함대가 태평양을 돌아 쓰가루 해협津輕海峽, 일본 혼슈 북부와 홋카이도 남단 사이의 해협으로 들어올지, 아니면

---

12. 1905년 5월 27일 일본과 러시아 사이에서 벌어진 해전이다. 당시 일본 해군의 연합함대와 러시아 해군의 제2-3 태평양함대 사이에서 치러진 이 전투에서 러시아는 전력의 대부분을 잃었고, 이후 양국 간의 포츠머스 강화회의가 열리는 계기가 되었다.

쓰시마 해협对馬海峽, 규슈 북부와 한국 남단의 대마도 인근 해협을 통해 동해 쪽으로 들어올지 관계자들 사이에서는 의견이 분분했다. 당시 군사 전문가들조차 이를 쉽사리 예측할 수 없었다고 한다.

하지만 도고 헤이하치로東郷平八郎[13] 사령관의 판단은 확고했다. 그는 아무런 주저함도 없이 '발틱함대가 쓰시마 해협을 통해 들어올 것'이라 예측하고, 그 지점에서 기다리며 공격하는 태세를 갖췄다. 물론 그쪽으로 온다는 아무런 확증도 없었기 때문에 참모들 사이에서는 불안감이 고조되고 있었다.

그렇게 해전이 시작되자 도고 사령관의 예측은 '보기 좋게' 적중했다. 발틱함대가 동해 쪽으로 서서히 모습을 드러낸 것이다. 게다가 그날은 '맑은 하늘에, 파도가 높은' 날이었다. 즉, 날씨가 좋아 멀리까지 시야가 확보되면서 적 함대를 쉽게 식별할 수 있었고, 파도가 높아 긴 항

---

13. 메이지(明治) 시대의 사쓰마 번사 출신으로 청일전쟁 당시 나니와 호의 함장으로, 러일전쟁 때는 일본 연합함대 사령관으로 일본 해군의 승리를 이끌어 낸 해군 제독이다.

해로 지친 러시아 함대에게 절대적으로 불리했다. 이는 반대로 일본 해군 입장에서 매우 유리한 날씨였고, 그 결과가 바로 '역사적인 대승리'로 나타났다.

여기서 재미있는 건 '도고가 연합함대 사령관으로 지명된 경위'에 대해서다. 당시 그는 해군 장성 중에서도 특별히 눈에 띄는 존재가 아니었기에 아무도 그가 사령관으로 뽑힐 것이라 예상하지 못했다. 하지만 생각지 않게도 사령관이 도고로 정해지면서 주변에는 '불투명한 인사', '낙하산 인사'라는 소문이 나돌기 시작했다.

이윽고 소문은 메이지 시대 일왕의 귀에까지 들어갔다. 이를 의아하게 여긴 일왕은 야마모토 곤노효에山本權兵衛[14] 해군대신을 불러 물어보았다. 그러자 야마모토는 "제가 도고를 사령관으로 발탁한 이유는 그가 가장 운運이 좋다고 봤기 때문입니다"라고 답했다.

이 말이 어디까지 사실인지는 모르겠지만, 굉장히 흥미

---

14. 메이지 시대의 사쓰마 번사 출신으로, 훗날 일본 내각총리대신에 두 차례나 지명된 군인 출신의 정치가다.

로운 이야기처럼 들리는 건 사실이다. 당시 러시아의 함대가 쓰시마 해협으로 올지, 아니면 쓰가루 해협으로 올지 아무도 확실하게 예측할 수 없었다. 가능성은 반반. 그것을 어느 쪽으로 예측할지는, 조금 극단적으로 말하자면 한 나라의 명운을 건 일대 도박이나 다름없었다. 그런 도박이 보기 좋게 적중한 것이다.

게다가 사람이 어찌할 수 없는 날씨가 '이보다 더 좋을 수 없을 만큼' 훌륭했다. 이를 단지 우연으로 삼는다면 거기서 끝이겠지만, 가령 '운'이라는 관점에 입각해 본다면 도고 사령관의 운은 남달랐다고 할 수 있다. 그런 기운을 알아채고, 그를 사령관으로 발탁한 야마모토 해군대신의 관점에서 나는 커다란 묘미를 느꼈다.

나 자신도 이전부터 운에 대해 여러모로 생각해왔다. 예를 들어 한 사람을 채용할 때 후보자가 2명 있다고 치자. 하지만 둘 다 재능이나 인품이 훌륭해 우열을 가리기 힘들다. 그럴 때 어떤 사람을 선택하느냐고 하면, 나는 가급적 운이 좋은 사람을 뽑아왔다.

조금 더 거슬러 올라가, 전국시대에 2명의 장군이 있었다고 치자. 둘의 용맹이나 지략은 모두 비슷하다. 그 둘이 함께 전쟁에 나섰는데 한쪽은 빗맞은 포탄에 맞아 죽었고, 또 한쪽은 갖은 위험 속에서도 구사일생했다. 당연히 전자는 운이 나쁜 사람이고, 후자는 운이 좋은 사람이다.

결국 출세하는 사람, 성공하는 사람은 그 재능이나 역량도 물론 중요하지만, 좋은 운도 반드시 필요하다. 도쿠가와 이에야스德川家康[15]가 가장 좋은 사례다.

이에야스는 다케다 신겐武田信玄[16]과의 전투에서 크게 패한 적이 있다. 이에야스는 다케다 군에게 쫓기며 목숨이 위태로운 상황에 처했다. 그런데 전투에서 승리한 신겐이 곧 큰 병을 얻어 얼마 뒤 급서急逝하고 말았다. 이로써 상황은 급반전되었다.

만일 이에야스가 이 전투에서 목숨을 잃었다면 전투는

---

15. 일본 전국시대의 무사로 히데요시 사망 이후 세기가하라 전투를 거치며 승전, 이후 에도막부를 창건해 첫 쇼군(將軍)이 되었다.
16. 일본 전국시대에 활약하며 지략이 뛰어났던 장수. 당대 무적으로 불리던 기마군단을 이끌던 신겐은 이에야스와의 싸움에서 승리를 앞두고 급서해 전국 통일의 비원을 이루지 못했다.

그것으로 끝났을 것이다. 하지만 어렵사리 도망친 이에야스는 가까스로 목숨을 부지했고, 막상 전투에서 승리한 신겐은 먼저 비명횡사하고 말았다.

이에야스는 물론 여러 가지 뛰어난 역량을 갖춘 영웅이지만, 그와 동시에 좋은 운을 가져 전국 통일까지 이뤄낼 수 있었다. 그에 반해 이에야스에게 압승을 거두고도 급서한 신겐은 지독히도 운이 없었다.

이에야스와 신겐 이야기로 범위가 한층 더 넓어졌지만, 사실 '운이라는 건 누구나 갖고 있지 않을까?' 반문하는 사람도 있을 것이다. 또 관점에 따라 '운이라는 게 다분히 비과학적'이라고 여기는 사람도 있을지 모른다. 하지만 나는 그런 '운이라는 부분이 엄연히 존재한다'는 관점에 서는 게 어떤 사안을 보다 바람직한 방향으로 이끌어 갈 때 도움이 된다고 본다.

그래서 사람을 채용하거나 등용할 때도 그런 부분을 충분히 감안하는 게 중요하다. 물론 운이 별로 없는 사람도 그 나름대로 살 길이 있고, 나름대로 노력할 것이다. 하지만 매우 중요한 일을 맡기는 경우 역시 운 좋은 사람을 선택하는 게 보다 바람직하다고 볼 수 있다.

사실 운의 좋고 나쁨을 구분하기란 결코 쉽지 않다. 지식이 있고 없고의 문제라면 간단한 시험으로도 금세 알 수 있다. 인품이나 성격, 재능까지도 전부는 알 수 없더라도 일부만 살펴보면 어느 정도는 알 수 있다.

하지만 운의 경우 쉽게 알 수 없다. 게다가 앞서도 이야기했듯 '운이 비과학적'이라는 관점 역시 쉽게 부정할 수 없다. '운이 있다'는 증거를 보여준다 해도 결국 '그것이 있다고 믿는다' 정도의 답밖에 할 수 없는 게 대부분이다.

물론 거기에서 운이 가진 묘미를 확인할 수 있을지도 모른다. 만일 운이 좋고 나쁨을 한눈에 쉽게 파악할 수 있다면 누구나 운이 좋은 사람만 모으려 할 것이다. 그렇다면 이 세상은 '도리어' 잘 돌아가지 않을 것이다. 역시 세부적인 부분까지는 잘 모르면서도 '어쩐지 운이란 게 있다'는 믿음에 기반했을 때 묘미를 갖는다고 할 수 있다.

그래서 운의 존재 여부는 과학이란 지식으로 구분하거나 판단할 사안은 아니라고 생각한다. 오히려 그건 경험에서 오는 '일종의 감感'으로 판단해야 할지 모른다. 비슷한 능력으로 비슷한 노력을 기울였을 때 한쪽은 어떤 일이든 잘하고 다른 한쪽은 잘하지 못 한다. 그런 것을 듣고 경험해가는 과정에서 '감'이라는 것도 배양된다.

다만 그런 감을 배양하기 위해서는 '운이라는 게 있고, 그 운이 좋은 사람일수록 호감이 간다'는 사실 만큼은 명확히 인식해야 한다. 그런 생각이 없으면 아무리 경험을 쌓아도 운의 좋고 나쁨을 구분할 수 없다.

야마모토 해군대신은 그런 점을 평소부터 생각했기 때문에, 국가의 존망을 가를 수도 있는 중요한 시기에 도고의 좋은 운을 발견할 수 있지 않았을까. 그것이 결국 좋은 결과로 돌아왔음은 더 말할 필요도 없다.

20
가급적 장점을 보라

사람에게는 누구나 장단점이 있다. 따라서 상사는 부하의 단점만 봐선 그 재능을 마음껏 쓸 수 없다. 상사는 부하를 장점 60%, 단점 40% 정도로 볼 필요가 있다.

사람은 누구나 장단점을 갖고 있다. 장점만 있고 단점이 전혀 없는 사람은 없듯, 단점만 있고 아무 장점 없는 사람도 역시 없다. 그래서 여러 사람을 데리고 일하는 경영자, 책임자의 경우 직원 개개인의 장단점을 제대로 파악해둘 필요가 있다.

이때 단점을 중심으로 보게 되면 머리가 아플지 모른다. '이 사람은 이게 문제야, 저 사람은 또 저게 문제야……'

이렇게 생각할 경우 누구를 보든 부족해 보일 것이다. 그래서 누군가를 쓰려 할 때도 주저하게 된다. '그 사람을 책임자로 맡기려 했는데 어딘가 조금 불안하다'는 생각이 들어 마음 놓고 사람을 쓰기 어렵다. 또한 부하 역시 상사에게 단점만 보이거나 지적을 받는다면 무슨 일이든 재미없고 위축되기 마련이다.

따라서 장점을 중심으로 봐야 한다. 그렇게 보면 '저 사람은 저런 면에서 꽤 훌륭하다'는 생각이 들어, 그 장점에 어울릴만한 재능을 찾게 된다. 이를 통해 상사는 보다 대담하게 사람을 쓸 수 있다. 부하 역시 자신의 장점을 인정받았을 때 기쁘고 또 열심히 일하게 된다. 그 결과 자연스레 일의 성과가 오르고 한 인격체로서도 성장할 수 있다.

사람을 쓰는 사람은 '자신이 훌륭하다, 대단하다'는 자각만으로는 결코 훌륭한 용인술을 펼치기 어렵다. 이는 내 오랜 경험에 비춰 봐도 마찬가지다.

상사는 부하의 장점을 보는 사람과 단점을 보는 사람, 이렇게 두 부류로 나눌 수 있다. 그리고 역시 장점을 보는 사람은 성장하지만, 단점을 보는 사람은 성장하지 못한다. 그래서 사람을 쓰는 사람은 가급적 장점을 보기 위해 노력해야 한다. 바꿔 말하면 '장점을 볼 수 있는 사람이 많은 사람을 제대로 쓸 수 있는 사람'이라고 할 수 있다.

물론 장점만 보고 단점을 전혀 보지 말아야 한다는 건 아니다. 그럼에도 굳이 어느 쪽을 골라야 한다면 '단점을 보지 않을 때 일어나는 마이너스보다, 장점을 보는 것으로 생기는 플러스가 훨씬 크다'고 생각해야 한다. 그래서 주로 장점을 보면서 적당히 단점을 보는 '60 : 40 비율'이 좋다. 이는 '사람을 볼 때 장점 60%, 단점 40% 정도로 보는 게 좋다'는 말이다.

하지만 나 같은 경우 이 60 : 40보다 더 높은 비율을 유지했다. 남들보다 몸이 약한 나는 항상 부하에게 일을 맡겨야 했기 때문에 가급적 장점을 70%, 단점을 30% 수준으로 보는 경향이 있었다. 대신 그만큼 대담하게 사람을 쓸 수 있었다. 어쩌면 그런 노력이 여러모로 부족했던 내가 그나마 성공할 수 있었던 요인이었을지 모른다.

물론 대담하게 사람을 쓴다고 다 되는 건 아니다. 실패하는 경우도 많다. 그 사람 자신이 그 역할과 직무에 맞지 않는 경우도 있고, 내가 사람을 대담하게 썼을 때 그 실무자도 지나치게 과감한 방식으로 일한 결과 실패한 경우도 있었다.

그럴 때에도 나는 부하를 크게 질책하지 않았다. 다만 거꾸로 사소한 문제로 잘못을 범했을 때 혼내는 경우가 더 많았다. 예를 들어 한 장의 종이를 아무렇지 않게 낭비할 때는 "종이 한 장일지라도 낭비해서야 되겠는가"하고 직접 혼을 냈다. 그 이유는 그런 작은 실패는 사소한 부주의에서 초래되는 경우가 많기 때문이다. 그래서 이런 경우 주의를 요하라는 마음에서 뭐라고 나무란 적이 많았다.

커다란 실패는 대개 열심히 한 결과 일어나는 경우가 많다. 따라서 일을 맡은 사람이 열심히 했지만 100만 엔의 손해를 입힌 경우에는 질책보다 오히려 동정하고 위로했다.

"자네, 커다란 실패를 했지만 너무 걱정 말게나. '실패는 성공의 어머니'라는 말도 있지 않은가. 그리고 우리 왜 실패했는지 함께 연구해보지 않겠나."

작은 일에 구애된 나머지 큰일을 소홀히 해서는 안 되겠지만, 나는 작은 일을 소중히 여기면서 큰일에 대해 어느 정도 달관하였다. 그리고 그 바탕 위에서 한 번 범한 잘못을 반복하지 않으려는 사고방식을 갖고자 노력했다. 그 결과 부하들도 교훈을 얻고, 무엇인가를 마음속으로 느끼고 배울 수 있었다고 생각한다. 그것이 크게 배울 점 없는 나 같은 사람이 한 회사를 이끌 수 있던 이유였을지 모른다. 그렇게 구성원 모두 열심히 업무에 임해 사업도, 회사도 순조로이 발전할 수 있었다.

이처럼 사람을 쓰는 사람은 주로 장점을 보고, 그에 따라 사람을 대담하게 쓰는 것이 중요하다. 그 사람이 열심히 일한 결과가 큰 실패로 나타났을 때에도, 질책보다는 위로하면서 함께 그 실패에 대해 연구해가는 자세가 중요하다. 그런 것들이 쌓이다 보면 '사람을 쓰는 노하우'도 하나둘 배양될 수 있을 것이다.

21
사람 간의 조합이 중요하다

3명의 간부를 2명으로 줄이자 실적이 줄긴커녕 '오히려' 좋아졌다. 우수한 사람만 모았다고 성과가 오른다는 보장은 없다. 중요한 건 사람 간의 조합이다.

내가 아는 어떤 회사의 이야기다. 그 회사에는 3명의 간부가 책임자로 있었다. 그 3명의 간부는 사장, 부사장, 전무를 말한다. 셋 모두 경험이 풍부하고 관리자로서도 유능한 사람들이다. 게다가 누구보다 열심히 일한다. 그래서 당연히 실적도 오르지 않을까 싶지만 실상은 그 반대였다. 생산도, 판매도 기대만큼 늘지 않았다. 사실 이런 결과는 불가사의하다고밖에 달리 표현할 길이 없다.

그 회사는 대기업 산하의, 소위 '자회사'였다. 그래서 그 모회사도 더 이상은 안 되겠다는 생각에 여러 가지를 검토한 결과 부사장을 다른 자회사 쪽의 책임자로 전출시켰다. 그리고 이후에는 사장과 전무 둘이서 경영하도록 했다.

그러자 신기한 결과가 나타나기 시작했다. 남은 사장과 전무 콤비가 매우 큰 시너지를 발휘해, 얼마 안 되는 기간 동안 생산과 판매가 기존의 두 배 이상으로 늘었던 것이다. 적자가 계속되던 실적 역시 어느새 큰 폭의 흑자로 돌아섰다. 이는 상당히 의미 있는 변화였다.

게다가 다른 자회사로 전출 간 부사장도 그곳에서 의욕을 불태우며 경영에 몰두하였고, 눈부신 성과를 올렸다. 결국 모두가 좋은 결과를 얻게 된 것이다.

이는 상당히 재미난 결과처럼 보인다. 유능한 사람이 셋이나 모였기 때문에, 일반적으로 봤을 때는 꽤 좋은 성과를 얻으리라고 여기기 쉽다. 하지만 실제로는 그렇지 않았고, 오히려 정반대의 결과가 나타났다. 그래서 그중 1명을 전출시키자 이번에는 '생각지도 않게' 실적이 올랐다.

'전출 간 사람이 무능하다'고 치면 이야기가 간단해지

겠지만 실상은 그렇지 않았다. 그는 전출 간 자회사에서 큰 성과를 거둘 만큼 유능한 사람이다. 그런 유능한 사람이 1명 줄었는데도 오히려 전체적인 성과가 올랐다. 바로 이것만 봐도 '경영이라는 것이 정말 사람 나름'이라는 점을 더욱 절실히 느낄 수밖에 없다.

그렇다면 왜 그런 일들이 벌어졌을까. 이는 결국 사람 간의 조합에 문제가 있었다고 볼 수 있다. 그 세 사람의 성격이나 사고방식의 조합에 적절함이 결여된 측면이 있었던 것이다.

옛 속담에 '셋이 모이면 (문수보살 같은) 좋은 지혜가 나온다'는 말이 있다. 사실 몇 사람이 모여 지혜를 짜내다 보면, 혼자서는 도저히 기대할 수 없는 훌륭한 지혜가 생기는 것을 우리는 다반사로 경험하고 있다. 그래서 어떤 일이든 1명의 생각으로 일을 진행하기보다 여러 사람의 지혜를 모아가는 것이 바람직하다.

하지만 이상 속 원칙은 그렇다 할지라도 현실 속 사람들은 성격이나 사고방식이 모두 제각각이다. 그래서 서로 성향이 맞지 않는 부분도 많다.

그런 경우 서로의 역량이 시너지를 일으키기보다, 오히려 전체적으로 마이너스의 결과를 초래하곤 한다. 그래서 부사장을 전출시켜 사람 간의 조합이 적절한 형태를 띠게 되자, 각각의 지혜나 힘이 잘 융합되며 실적을 크게 올릴 수 있었던 것이다.

이 같은 원리는 경영자처럼 지도적인 입장의 사람에게만 해당되지 않고 대부분의 사람에게도 들어맞는다. 기업의 한 부서라도 사람 간의 조합에 적절함이 결여되면 일하는 사람들도 즐겁지 않고, 더 나아가 일의 능률도 오르지 않을 것이다. 또 개개인이 가진 능력도 살리지 못하며, 조직 전체로서의 업무 성과 역시 떨어지고 만다. 반대로 그 조합이 적절해지면 보다 적은 사람으로도, 모두가 즐거이 일하면서 업무 효율까지 올릴 수 있다.

그래서 사람을 쓰고 사람의 능력을 살리기 위해서는 조합의 적절함을 항시 생각해야 하며, 모두가 즐겁게 일할 수 있도록 배려하는 것이 무엇보다 중요하다. 물론 이 모든 게 100% 적절한 형태를 띠기란 꽤나 어려운 일이다. 또 사사로운 감정에 따라 서로를 배척하지 않도록 지도하는 것도 당연히 필요하다.

'100% 마음이 맞는다'는 건 사실 기대하기 어렵다. 따라서 다소 마음에 들지 않는 부분이 있어도 상호 간의 관용과 이해를 통해 협조해가는 수밖에 없다. 그런 의미에서 한 조직의 리더는 적절한 사람 간의 조합을 항시 고려해나가야 한다.

사람 간의 조합에 대해서는 다음과 같은 부분도 중요하다. 구성원 한 명 한 명으로만 따지면 가급적 능력 있는 사람, 현명한 사람이 바람직하다고 볼 수 있다. 하지만 그렇다고 능력이 뛰어난 사람, 현명한 사람만 모아둔다면 어떻게 될까. 쉽사리 결론을 내릴 수 없지만, 나는 마냥 좋은 결과가 나올 것으로 보지 않는다.

가령 10명의 사람이 모여 일한다고 치자. 그 경우 10명 모두 현명한 사람뿐이라면 어떻게 될까. 현명한 사람의 경우 대개 저마다 일하는 방법, 추진 방법에 대해 '이렇게 하면 좋다', '저렇게 하면 좋다'는 식의 자기 생각을 갖고 있다. 그래서 그 방식을 적극적으로 주장한다.

하지만 10명 모두 자기 생각을 주장하기 때문에 논의거리만 많아지고, 한 방향으로 일치단결해 나가기는 어려워진다. 현명한 사람은 열 명 중 한 명이나 두 명이고, 나머지는 평범한 사람들로 구성된다면 오히려 그 현명한 사람의 의견에 따라 일이 수월하게 풀리는 경우도 많다.

세간에는 일류대학을 나온 우수한 사람만 모았지만, 그에 상응하는 실적을 올리지 못하는 회사가 많다. 반면 평범한 사람이 많지만 매우 뛰어난 성과를 올리는 회사도 있다. 그런 차이가 생기는 원인을 한마디로 정의할 수는 없지만, 역시 그중 하나로 '사람 간의 조합 문제'를 들 수 있겠다.

어쩌면 이런 부분들이 사람이 갖는 미묘함이라고 할 수 있다. 기계라면 아예 이런 일 자체가 없을 것이다. 1 더하기 1은 반드시 2가 된다. 하지만 사람은 그 조합이 적절하다면 1 더하기 1이 3, 혹은 5가 될 수도 있지만, 잘못했을 경우 0, 혹은 마이너스가 될 수도 있다.

그래서 사람을 채용하거나 배치할 때도 단지 한 명 한

명의 성격이나 능력만으로 판단하는 일 없이, 사람 간의 조합이라는 부분을 반드시 고려해볼 필요가 있다. 혹자는 이를 '적재적소適材適所'라는 말로 정의하는데, 이 역시도 사람 간의 조합을 포함해 보다 폭넓은 의미로 해석할 필요가 있다. 그런 점에서 '적재적소형 인재 활용'은 각자의 능력도 살리고 일의 성과도 올릴 비법이라 할 수 있다.

22
윗사람을 적절히 사용해라

> 사장 취임 후 야마시타 씨는 "고문께서도 고문이라는 역할로 회사 업무에 더 열심히 임해주십시오"라고 나에게 일을 명한 적이 있다.

여러분 모두 잘 알고 있듯, 얼마 전 우리 회사는 사장 교체 인사[17]로 큰 화제를 불러 모았다. 우리로서는 일본의 현재와 장래를 생각하고, 그 속에서 회사를 어떻게 이끌어갈지 허심탄회하게 논의한 결과 내놓은 인선이었다.

하지만 그 과정이 다소 일반적인 방향과는 달랐기 때문에 '생각지도 않게' 큰 반향을 불러왔던 것이다. 이에 대

---

17. 1977년 1월 17일 마쓰시타 전기산업은 야마시타 토시히코의 사장 취임을 발표했다. 이는 당시로서는 파격적인 발탁인사로, 전통적인 연공서열과 학력을 초월해 큰 화제를 불러 모았다.

해 나는 적잖이 놀란 한편, 여론의 무서움을 다시 한 번 느낄 수 있었다.

여기에서는 그 부분에 대한 이야기는 차치하고, 우선 새로운 사장에 취임한 야마시타 토시히코山下俊彦[18] 씨에 대해 재미난 부분이 있어 꼭 소개해두고 싶다. 그건 그가 사장에 취임할 때 나에게 내건 조건이었다.

"고문께서도 고문이라는 역할로 회사 업무에 더 열심히 임해주십시오. 특히 사업부장이나 영업부장을 불러 경영 전반에 대해 말씀해 주십시오. 단지 사고방식만을 이야기하는 게 아니라, 가급적 구체적으로 '이때는 이렇게 하는 게 좋다'던지 '저렇게 해서는 안 된다'처럼 보다 세밀하게 조언해 주십시오."

보통이라면 야마시타 씨 같은 입장에서 '사장직 제안을 받아들이겠습니다. 다만 사장직을 맡길 때 저에게 모든 것을 일임해 주십시오. 경영상 이래저래 간섭받고 싶지는

---

18. 마쓰시타 전기산업의 3대 사장. 공고 졸업 후 승승장구해 임원 자리에까지 올랐다. 특히 1977년 이사회 26명 중 서열 25번째임에도 불구하고 사장직에 전격 발탁되어 큰 화제를 불러 모았으며, 1986년 2월 퇴임했다.

않기 때문에, 고문께서도 이런저런 참견은 삼가 주십시오'라고 부탁하기 쉽다.

하지만 그는 그렇게 말하지 않았다. 반대로 '고문으로서 이런 일들을 해 주십시오'라고 말하면서, 나에게 특정 역할과 일을 명했다. 이를 '윗사람을 부린다'고 하면 다소 어폐가 있겠지만, 어떤 면에서 '선배를 사용한 것'이라 할 수 있지는 않을까. 바로 이 지점이 나는 꽤 재미난 부분이라고 생각한다.

어떤 일을 해나갈 때 부하를 적절히 사용하는 건 물론 중요한 일이지만, 그것만으로는 충분하지 않다. 정말로 '사람을 잘 쓴다'는 건 부하를 잘 부리는 것만이 아니라, 선배나 상사처럼 윗사람을 잘 활용하는 것까지 포함한다.

원래 우리 회사는 개인 경영의 소규모 공장에서 출발했다. 그로 인해 처음에는 판매나 제품 납입 모두 나 혼자서 하는 경우가 많았다. 그것이 점차 규모가 커지면서 나 혼자 다 할 수 없게 되어, 밑에 직원들이 하나둘 들어와 대신하기 시작했다. 그때 나는 직원들에게 '나를 적극 사용하라'고 말하곤 했다.

예를 들어 부품을 구입하는 직원이 "대장, 하나 부탁드릴 게 있습니다"라고 요청해올 경우가 있다. 그때만 해도 아직 소규모 공장이었기에 직원들은 나를 사장 대신 편하게 '대장'이라 부르곤 했다.

"무슨 일인가?"

내가 되묻자, 그는 "실은 지금 저쪽 공장과 이런저런 매입 교섭을 하고 있는데, 이야기가 대충 90% 정도까지는 진행되었습니다. 하지만 이때쯤 대장이 나서 얼굴을 한번 비춰주실 수 있을까요. 제가 이 정도까지 이야기를 진전시켰기 때문에, 이번에 대장이 인사차 한 번만 방문해주시면 마무리가 잘될 것 같습니다"라고 말했다.

이에 나는 "그래, 그럼 그렇게 해야지"라고 말하며 함께 거래처 공장을 방문했다.

"저희 쪽 직원에게 여러 가지로 많이 도와주신다는 이야기를 들었습니다. 비록 저희 회사가 지금은 작아서 물건을 대량으로 매입하지는 못하지만, 가까운 시기 규모가 더 커지면 더 많은 부품을 매입할 수 있도록 하겠습니다."

이와 비슷한 상황은 구매뿐 아니라 영업, 혹은 그 외의 부문에서도 많이 있었다. 그렇게 모두가 나를 사용해 적극적으로 업무에 임해줬고, 그 결과 회사도 빠르게 성장할 수 있었다. 결국 아랫사람이 윗사람을 적극 사용해 '윗사람도 기쁘게 쓰임 받는' 분위기가 조성되면 그 회사는 스스로 발전해나갈 것이다.

물론 '윗사람을 사용한다'는 건 여러 방법이 있다. 여기에서 예를 들었듯, 대개 업무의 협의 과정에서 관련 사항을 윗사람에게 보고해 '계속 진행할지, 아니면 멈출지'를 최종 결정하는 것도 한 방법이다. 또는 자신이 발의하거나 고안한 아이디어를 윗사람에게 제안하고, 그것을 상사의 명령에 따라 수행하는 것도 가능하다.

때로는 '자신은 아랫사람이기에 윗사람이 시키는 대로만 하겠다'는 발상이 필요할지 모른다. 하지만 그런 수동적인 자세만 시종일관 가져서는 창의적인 발상이 나올 수 없고, 자신의 역량도 제대로 발휘하기 어렵다. 또 일의 성과 역시 충분하지 않아 결과적으로 회사의 발전도 기대하기 어렵다.

그래서 부하는 제안 내용을 받아들이도록 상사를 설득하는 방식에 대해서도 충분히 고민하고 배려해야 한다. 또 상사는 부하가 아이디어를 발의하거나 제안하기 쉬운 분위기를 조성해주어야 한다.

이와 함께 '여러 고민이나 걱정 등에 대해서 혼자 끙끙대지 않고, 윗사람과 적극 상담하는 것이 필요하다'는 점도 꼭 지적해두고 싶다. 이 역시 윗사람을 효과적으로 사용하는 방법 중 하나일 것이다.

앞서도 이야기했듯, 관점에 따라선 상사라는 존재는 '걱정하는 게 일인 사람'이다. 아랫사람이 안심하고 일할 수 있도록 "자네, 왜 그런 것으로 고민하는가. 그런 건 내가 대신할 터이니, 자네는 마음껏 일이나 하게"라고 말할 수 있어야 한다. 그러면 아랫사람이 그만큼의 책임감과 열의를 갖고 일해 더 좋은 성과를 올릴 것이다.

어떤 면에서 상사는 걱정을 위해 존재하며 '사장은 걱정하는 사람, 혹은 고민을 해소하는 사람'이라고도 정의

할 수 있다. 그래서 아랫사람은 거리낌 없이 자신의 고민이나 걱정을 상담해야 하며, 그에 따라 마음 놓고 일에 전념할 수 있다.

윗사람일수록 전 구성원의 힘이 충분히 발휘되어 조직 전체로서도 일이 수월하게 진행되기를 바랄 것이다. 바꿔 말하면 아랫사람이 자신을 적절히 사용해주길 누구보다 원할 것이다. 그래서 어떤 의미에서는 '윗사람을 쓰는 게 아랫사람을 쓰는 것보다 훨씬 더 쉽다'고도 할 수 있다.

23
권위를 인정한다

새로운 사장 인선에 대해 노조가 흔쾌히 찬성해줬다. 이처럼 하나의 권위를 인정함으로써 일이 더 능률적이고 효과적으로 이뤄지기도 한다.

이번에도 새로운 사장 인선에 대해 이야기하고 싶다.

야마시타 씨의 사장 취임은 여러 가지 화젯거리를 불러 모으며 특별한 사건처럼 비화된 측면이 있었다. 하지만 사내에서는 '지극히 자연스러운' 형태로 받아들여졌다. 절차상 큰 문제가 없었던 점도 있지만, 사내 대부분의 사람들이 이 인사에 흔쾌히 찬성했다.

당시 이런 일이 있었다. 이 인사가 발표된 뒤 도쿄에 갈 기회가 있어 본사 사무실에 들렀다. 도착해 방으로 들어서려 하는데, 한 남자가 문 앞에 서 있는 모습을 발견했다. 입고 있는 옷을 보니 우리 회사 직원인 것 같았다. 비교적 젊어 보이는 그 친구는 내 얼굴을 보자마자 대뜸 "정말 감사드립니다"라고 인사하는 게 아닌가.

나는 젊은 친구에 대해 아무것도 모르는 상태였기에 "자네는 누군가?"라고 물었다. 그러자 그는 "노조 도쿄지부의 간부입니다"라고 대답했다. "그런가? 그런데 오늘 무슨 일로 찾아왔는가?" 내가 다시 묻자, 그는 "이번 인사에 대해 감사드리려고 왔습니다"라고 정중히 말했다.

거기에서 나는 "그래서 자네는 찬성이란 말인가?"라고 되물었고, 그는 웃으며 "예, 그렇습니다"라고 답했다.

이처럼 이번 인선에 대해 노조는 찬성, 환영해줬다. 노조는 직원 대부분의 의사를 대변하기 때문에 노조가 환영한다는 건 곧 일반 직원 대부분이 찬성한 것이나 다름없었다. 그렇게 아랫사람들의 마음을 얻으면 윗사람도 하는 일에 보람을 갖고 스스로 만족할 수 있게 된다.

당시 나는 현역에서 물러나 고문에 지나지 않았고 사장, 혹은 회장이란 직함도 없었기에 인사를 움직일 아무런 권한이 없었다. 이번 인선에 대해서도 회장과 사장의 의견이 일치해 그리된 것뿐이었다. 그래서 노조 쪽의 감사 인사를 들을 처지는 아니었다. 하지만 그 노조 간부가 일부러 '고맙다'고 말해준 건 권한 없는 나라도 하나의 권위를 인정해준 것이라 생각해 괜스레 고마운 마음이 들었다.

우리 회사 사람들은 '마쓰시타 고노스케라는 사람이 비록 현재는 고문이지만 이 회사의 창업자이며, 그동안 어떤 일들을 해왔는지' 잘 알고 있다. 그 과정을 거치며 스스로 만든 권위가 있었다. 바로 그런 권위를 인정해주었기 때문에 노조 간부가 '이번 인사에 대해 진심으로 감사하다'며, 일부러 찾아와 인사해준 것이다. 이는 '노조 간부도 경영진의 뜻을 충분히 따라줬다'는 의미를 내포하고 있다.

이번 사장 인선이 '마쓰시타 전기이기에 가능한 일이었다'는 의미로 평가절하하는 목소리도 있었다. 확실히 우리 회사의 경우 권위라는 부분을 모두가 인정해줌에 따라 비교적 수월하게 일이 진행된 측면도 있었다.

하지만 관점에 따라서는 '어느 회사든 권위를 인정하고 존중하는 모습만 있으면 어떤 일이든 간에 능률적으로 진행시킬 수 있다'고 생각한다.

예를 들어 종교를 한 번 생각해보자. 기본적으로 종교는 '신을 신앙의 대상으로 삼아 거기에 하나의 권위를 인정하고, 그런 신의 말이나 가르침에 따라 스스로를 다스리고 종단을 운영하는 것'을 말한다. 개별적인 목회자가 '나는 이렇게 생각한다'고 말하는 게 아니라, 신 나름의 권위에 기초해 가르침을 설파한다. 이를 통해 종단, 혹은 종파로서의 운영도 한층 수월하게 이뤄진다.

나는 창가학회創価学会의 이케다 다이사쿠池田大作[19] 회장과 가끔 만날 기회가 있다. 그는 나보다 훨씬 젊지만, 오늘날 걸출한 지도자 중 한 명으로 꼽히며 큰 존경을 받고 있다.

---

19. 1930년 11월 일본의 마키구치 쓰네사부로 초대 회장과 토다 조세이 2대 회장이《창가교육학 체계》를 펴내며 창시한 불교계 신흥 종교다. 2012년 기준 192개국·지역에 회원을 두고 있으며, 일본 내 회원 수만 1,000만 명에 달한다. 특히 3대 회장 이케다 다이사쿠는 다양한 국제 활동을 통해 창가학회의 세계화에 적극 나섰다.

그런 이케다 씨와 이야기하며 느낀 건 '나는 이렇게 생각한다'는 경우도 물론 있지만, 대개는 '석가모니는 이렇게 말씀하셨다', '일련대성인日蓮大聖人. 일련정종의 부처 말씀에 따르면 이렇다'는 식으로 말하는 경우가 많다는 사실이었다. 스스로 생각한 것조차 단지 자신의 생각이 아니라, 성인의 말을 빌려 이야기하는 경우가 많았다. 그런 점 때문에 듣는 쪽에서도 한결 더 설득력 있게 느껴지곤 했다.

비교적 젊은 나이에도 창가학회의 회장으로서 학회 발전을 이끌었던 건 이케다 씨 스스로 훌륭한 면도 있지만, 그렇게 권위를 발견하고 이에 기초해 어떤 일을 해나가는 방식에 비결이 있다고 생각한다. 위대한 지도자로서의 왕도는 바로 그 지점에 있는 듯하다.

한 회사를 경영하는 경우에도, 또 개별적인 책임자가 한 부서를 운영하는 경우에도 모두가 인정할 수 있는 권위를 찾아야 한다. 그리고 그 권위에 기초해 일을 진행하는 것이 보다 효율적인 조직 운영에 도움이 될 것이다.

물론 그렇다고 그것이 지나쳐 '호랑이의 권위를 빌리는

여우'처럼 권력에 맹목적으로 복종해서는 안 되겠지만, 모두가 인정할 수 있는 권위라면 충분히 가능하다. 회사의 창업정신, 전통도 좋고 경영이념 혹은 사명감도 좋다. 더 나아가 경영자 자신의 인덕이나 열의도 때로는 권위가 될 수 있다.

결국 그런 권위를 발견하고 모두가 그것을 권위로 인정한다면 일은 보다 효율적으로 이뤄질 것이다. 오늘날 권력을 부정하는 풍조가 강하고, 또 그것이 지나쳐 좋은 의미로서의 권위까지 인정하지 않는 경향이 있다. 하지만 그것이 예상 밖의 비효율을 낳는다는 사실을 반드시 깨달아야 한다.

24
연공서열을 존중하며
과감하게 인재를 발탁한다

인재 발탁에는 상당한 위험이 도사린다. 하지만 현재는 그런 위험을
무릅쓸 수 있는 용기가 필요한 시대다.

    이번 사장 인선과 관련해, 소위 '연공서열과 인재 발탁'
이라는 문제에 대해 한번 생각해보고 싶다. 이는 현재 어
느 기업이든 안고 있는 문제일 것이다. 간혹 내가 강연 등
에 나섰을 때에도 관련 질문을 많이 받곤 한다.
    사람의 능력을 살려서 쓰고 회사를 발전시키기 위해서
는 무엇보다 적재적소의 인재 등용이 중요하다. 그 적재
적소를 실현하기 위해서는 일단 적합한 인재를 발탁해야
한다. 나이, 과거 경력 등에 구애됨 없이 그 지위에 가장
적합하다고 생각되는 사람을 찾아 배치하는 것이 바람직

하다.

하지만 일본에서는 연공서열을 중시하는 풍조가 여전히 강하다. 적재적소의 중요성은 누구나 알고 있지만, 막상 그것이 현실에서 '인재 발탁'이라는 형태로 이뤄지면 반동이나 일종의 저항 등이 나오곤 한다.

이는 오랜 습관에서 나온 결과물로 하룻밤 새 생긴 건 아니다. 나는 이러한 연공서열식 사고방식을 바꿔가기 위해서는 가장 기초적인 초등학교 교육부터 바꿔야 한다고 생각한다. '적합한 인재가 적합한 자리에 들어가는 게 자타 공히 행복할 수 있다'는 점을 어릴 때부터 가르쳐 그것이 사회적 통념이 되지 않는 한, 연공서열을 중시하는 풍조는 앞으로도 변함없이 지속될 것이다.

그래서 '인재 발탁에 의한 적재적소'가 이론적으로는 바람직하다고 해도, 연공서열이 상식화된 풍조에서는 섣불리 인재를 발탁했다가 도리어 물의를 빚을 수도 있다. 또는 그 순효과보다 역효과가 클지도 모른다. 이처럼 인재 발탁은 매우 어려운 문제라 할 수 있다.

물론 연공서열에도 그 나름의 장점은 있다. 예를 들어 체력적인 면에서는 젊은이들에게 뒤지겠지만, 연장자들은 그 나름의 경험을 통해 업무 노하우를 갖고 있다. 혹은 연공서열의 풍조 속에서는 '나이가 많다'는 것에 대해 경의를 표하는 젊은이들이 많아 사람들의 중지도 한결 모으기 쉽다. 전체적인 업무 수행이라는 관점에서 봤을 때 활동이 원활해지는 측면 역시 분명 있다.

그런 점에서 보자면 연공서열도 나름의 장점이 있고, 그 장점을 잘 살려가는 게 바람직하다고 할 수 있다. 다만 그렇다 해서 연공서열만을 시종일관 강조하다 보면 무사안일주의에 빠져 역동적인 경영이 이뤄지기 힘들 것이다. 그러므로 적절한 인재 발탁이 반드시 필요하다.

'구체적으로 그것을 어떻게 실행해 가느냐'는 각 기업의 실태, 혹은 처한 상황에 따라 다르겠지만 내 경우에는 대개 연공서열 70%, 발탁 30% 정도의 비율로 진행해왔다. 그 반대인 연공서열 30%, 발탁 70%라면 매우 재미있을 듯 보이지만, 막상 그렇게 하기 위해서는 초등학교 교육부터 인식을 근본적으로 바꿔야 할 것이다. 예상컨대 앞으로 시대적인 요망에 따라 점점 그 방향으로 진행되어 갈 것이다.

하지만 오늘날의 일본 경영에서는 연공서열을 축으로 삼아, 적정 수준의 발탁이 가미되는 형태가 무리 없을 것으로 판단된다.

인재 발탁에는 그런 연공서열의 풍조 외에도 어려운 점이 또 하나 있다. 그건 '그 사람이 정말 그 자리에 적합한 인재인지 잘 모를 수 있다'는 점이다. 물론 어느 정도는 그 사람 나름의 실적과 이력을 통해 판단할 수 있다. 식견이라든지 판단력, 지식, 인품, 건강처럼 몇 가지 요소만 들어보면 대충은 판단할 수 있다.

하지만 역시 그것만으로 100% 다 알 수는 없는 노릇이다. 이 사람은 80점 정도라고 생각해 써보면 막상 50점 수준밖에 안 되는 경우가 있고, 반대로 예상한 것 이상으로 일을 잘 해내는 사람도 있다. 그런 점 모두 사람이 가진 묘미라 할 수 있겠지만, 사람은 막상 '시켜보지 않고는 알 수 없는' 면이 있다.

그 자체만으로도 발탁에 의한 인재 선발이 정말로 어려운 일임을 알 수 있지만, 어렵다고 마땅히 해야 할 일을 게을리해서는 사업의 성장도, 기업의 발전도 이룰 수 없다.

그동안 나 자신은 여러 가지 면에서 판단해 60%까지 괜찮다고 여겨지면, 일단 그 사람을 해당 지위에 배치시켜왔다. 물론 70~80%까지 알면 더 좋겠지만, 앞서도 이야기했듯 역시 시켜보지 않으면 알 수 없으므로 대개 사전 판단이 가능한 60% 정도가 한계 아닐까 싶다. 이후 40%는 말하자면 도박이나 마찬가지다.

도박처럼, 잘 되면 맞을 수도 있지만 틀리는 경우도 있다. '이 사람이 가장 적합하다'고 생각해 일을 시켜봤지만, 막상 결과는 기대에 어긋나는 케이스도 더러 있다. 아니, 의외로 많다. 또 마음을 비우고 일을 시켜봤을 때 오히려 잘하는 경우도 많은 편이다.

이러한 점들을 생각해보면 인재 발탁에는 어려운 점이 많고 몇 십% 정도는 도박이나 다름없다. 하지만 때때로 그런 모험을 걸 배짱과 용기를 반드시 가져야 한다.

　위에 선 책임자가 모험을 무릅쓸 용기가 없다면 적재적소의 인재 배치를 제대로 실현하기 어렵다. 이는 사업의 발전도 그만큼 어려워질 수 있음을 의미한다. 앞으로의 시대는 더더욱 인재 발탁이 필요하고 또 중요할 것이라고 생각한다.

5장

사람이란 무엇인가

우선 사람이라는 존재에 대해 알자!

지금까지 사람을 쓰는 방법에 대해 나 자신의 체험과 견문見聞을 중심으로 여러 가지 이야기를 해왔다. 다만 여기에서는 사람을 쓰는 방법보다, 그 바탕에 자리한 기본 문제에 대해 한번 생각해보고 싶다.

그건 바로 '사람이라는 존재에 대해서'다. 즉, 사람을 쓰고 사람의 능력을 살릴 경우, 역시 그 대상이 되는 사람 자체를 명확히 파악해둘 필요가 있다.

예로 삼기에 적절치 않을지는 모르나, 사람이 다른 동물을 키울 때 동물별 특질을 고려해 그에 적합한 사육법을 채택한다. 결코 말과 소를 동일한 방식으로 다루진 않는다. 말은 말의 특성에 맞게, 소는 소의 특성에 맞는 방식으로 사육할 것이다. 만일 그 방법을 혼동해버리면 제대로 사육하지 못할 것이고, 경우에 따라서는 동물 자체가 아예 죽어 버릴지도 모른다.

최근 '200해리 시대'[20]라는 말을 자주 듣게 된다. 이에 따라 각국마다 양식업의 중요성이 한층 더 강조되고 있다. 이 시기에 성과를 올리기 위해서는 각 어종별 특성을 연구하고, 그에 맞는 장소와 먹이를 제공해야 한다.

사람의 경우도 기본적으로는 마찬가지라 할 수 있다. 더구나 사람은 다른 동물보다 훨씬 더 복잡한 고등생물이다.

따라서 사람을 쓰는 사람, 책임자 입장에 있는 사람은 '사람이 도대체 어떤 존재인지'부터 정확하게 파악해야 한다. 바꿔 말하면, 사람의 본질을 파악하고 하나의 인간관을 주체적으로 정립할 필요가 있다는 것이다.

그런 생각 없이 사람을 쓴다는 건, 극단적으로 말해 말과 소의 차이도 모른 채 사육하는 것이나 마찬가지라고 할 수 있다. 그래서는 사람의 능력을 제대로 살리기는커녕 도리어 죽여 버릴지 모른다.

---

20. 1968년경부터 UN 해양회의에서 그 나라의 주권이 미치는 12해리의 '영해' 바깥쪽 188해리를 '배타적 경제수역'으로 인정하는 '200해리 수역 문제'가 검토되기 시작했다. 하지만 1977년 3월 미국과 소련(현 러시아)이 자국의 어업 보호를 위해 배타적 관할권을 행사하는 '200해리 어업 전관 수역'을 실시, 선진국 각국은 그 입법화를 검토하기 시작했다. 일본도 같은 해 7월 어업수역 잠정조치법을 시행해 '200해리 시대'로 돌입했다.

사람의 무한한 가능성

　그동안 나는 '사람이 도대체 어떤 존재인지'에 대해 생각하며 나름대로의 인간관을 정립해왔다. 물론 그것은 이런저런 문헌을 읽거나 학문적으로 깊이 연구한 게 아니다. 그동안 여러 가지 사건과 사람을 접한 가운데 '역시 사람은 이런 경우 이렇게 생각하고 행동하는구나, 혹은 사람에게 이런 면도 있구나' 하는 점을 깨달았다.

　이 같은 일련의 체험을 통해 나는 경험적으로 사람이라는 존재를 이해할 수 있었다. 그리고 그런 사람에 대한 이해, 인간관이 지금까지 다양한 형태로 이야기해온 나만의 용인술, 즉 사람의 능력을 살리는 방법의 밑바탕을 이루고 있다.

　이러한 인간관에 대해 나는 이전 저서《사람을 생각한다》에서도 이야기한 적이 있다. 이 책과 함께 그 책을 읽는다면 참고가 될 부분도 있을 것이다. 여기에서는 그 기본 사고인 〈새로운 인간관의 제창〉과 〈새로운 인간도의 제창〉, 이렇게 두 글을 참고로 소개해두고 싶다.

우주에 존재하는 만물은 항시 생성하고 끊임없이 발전한다. 만물은 나날이 새로워지고 그 생성과 발전은 자연의 섭리다.

사람에게는 우주의 움직임에 순응하며 만물을 지배하는 힘이 주어진다. 사람은 끊이지 않고 생성·발전하는 우주 위에 군림하며, 그 속에 감춰진 위대한 힘을 개발한다. 이를 통해 만물에 주어진 각각의 본질을 이끌어내면서 물심일여物心—如의 진짜 번영을 창출할 수 있는 것이다.

(만물을 지배하는) 힘을 부여받은 사람의 특성은 자연 섭리에 따라 주어진 하나의 천명天命이기도 하다. 천명이 주어졌기 때문에 사람은 만물의 왕이 되고 그 지배자가 될 수 있다. 즉, 사람은 이 천명에 따라 선악善惡을 판단하고 시시비비를 가릴 수 있으며, 모든 것의 존재 이유를 명확히 한다. 그리고 무엇보다 힘을 부여받은 사람의 특성을 부정할 수 없다. 이처럼 사람은 실로 숭고하고 위대한 존재인 것이다.

이처럼 우수한 사람도 각각의 현실상을 보면 반드시 공정하고 강한 존재라곤 할 수 없다. 사람은 번영을 추구하면서도 빈곤에 빠지고 평화를 기원하면서도 전쟁을 맞이하는, 또 행복을 갈구하면서도 자주 불행에 처하기도 하는 존재다.

이러한 사람의 현실은, 힘은 부여받았지만 스스로 주어진 천명을 깨닫지 못한 채 개개인의 이해득실만 따지고 지혜와 재주만 믿어 초래된 결과임에 틀림없다. 이처럼 사람의 위대함은 각 개인의 지혜나 힘만으로는 충분히 발휘할 수 없다. 동서고금의 철학자, 성인聖人 등을 비롯해 수많은 사람들의 지혜가 자유로이, 또 아무런 방해 없이 융합될 때 그 전체 지혜가 중지로 모여 천명을 살리게 된다. 중지야말로 자연 섭리를 공동생활 위에 구현하며 사람의 천명을 발휘시키는 최대 원동력이 된다.

다시 한 번 말하지만 사람은 그 무엇보다 숭고하고 위대한 존재다. 상호 간에 사람이 가진 위대함을 깨닫고 그 천명을 자각하며 중지를 모은다. 이를 통해 생성·발전의 대업을 함께 이뤄야만 한다.

오랜 사명은 곧 천명을 자각하고 실천하는 데 있다. 이 사명의 의의를 명확히 하고 그 달성을 위해 노력하고자 여기 새 인간관을 제창하는 것이다.

새로운 인간도의 제창

만물의 왕으로서 사람은 위대한 천명을 갖는다. 부여받은 천명을 자각해 일체의 사물을 지배해 활용하고, 보다 나은 공동생활을 만들어내는 길이 바로 '인간도人間道'다.

'인간도'는 사람을 진짜 사람답게 하고, 만물을 진짜 만물답게 하는 길을 말한다. 그것은 사람과 만물 일체를 있는 그대로 바라보고 이를 용인하는 지점에서 시작된다. 즉, 삼라만상森羅万象 전부는 자연의 섭리에 따라 존재하기 때문에 하나의 인간, 하나의 사물일지라도 이를 부인하고 배제해서는 안 된다. 바로 거기에 '인간도의 기본'이 있다.

그렇게 있는 그대로의 모습을 용인한 지점 위에서, 만물 일체의 천명과 특질을 파악해 자연의 섭리에 맞는 적절한 처우를 실시한다. 이를 통해 전체를 살리는 데 인간도가 갖는 진짜 의의가 있다. 또 이를 문제없이 진행하는 데 '만물의 왕'인 사람으로서의 공통 책무가 있다.

부여받은 인간도는 풍요로운 예禮의 정신과 중지에 기초해 보다 원활하고 정확한 형태로 실현된다. 항시 예의 정신에 따라 중지를 살리면서, 일체를 용인하고 적절히 처우하는

점에서 만인·만물의 공존공영이 각 방면에서 생성되는 것
이다.

정치, 경제, 교육, 문화, 그 외 물심양면에 걸친 사람들의 활
동은 모두 이 인간도에 따라 실천해야 한다. 바로 그 지점
에서 사물 일체가 그때그때의 상황에 맞춰 대응하고 조화
를 이루게 된다. 그것이 결과적으로는 공동생활 전체의 발
전과 향상을 창성創成, 처음으로 이뤄짐 – 옮긴이할 것이다. 당연히
인간도야말로 사람의 위대한 천명을 여실히 발휘시키는 대
도大道, 사람이 마땅히 행해야 할 바른길 – 옮긴이이며, 그것이 여기 내
가 새 인간도를 제창하는 이유다.

　나는 '사람이란 존재는 본질적으로 만물의 왕이라 해도
좋을 만큼 위대하다'고 생각한다. 바꿔 말하면 무한한 발
전 가능성을 지니고 있는 존재가 바로 사람인 것이다. 그
런 관점에 입각해 자신과 타인의 능력을 살리며, 만물 일
체를 활용하고 생성·발전을 창출하는 게 바로 '사람으로
서의 사명'이라 할 수 있다. 또한 당연히 사람은 그것들을
충분히 가능케 한다.

나는 이 같은 인간관이 정치, 경제, 그 외 일체의 인간 활동을 적정한 것으로 만드는 근본이라고 생각한다. 따라서 이 책의 테마인 '사람을 사용한다'는 점에 대해서도 일단은 이러한 인간관에서 출발하는 게 중요하다.

'사람을 엄격히 단련하고 키우는 게 중요하다'는 명제도, 사람이 본질적으로 위대한 존재이자 무한한 가능성을 그 속에 감추고 있기 때문이다. '보석도 닦지 않으면 빛이 나지 않는다제아무리 뛰어난 재능을 가진 사람도 배우지 않고는 훌륭한 사람이 될 수 없다는 뜻 – 옮긴이'는 말이 있듯, 다이아몬드 같은 보석이라도 제대로 닦지 않으면 빛나는 상태를 유지할 수 없다.

서커스 등에서 볼 수 있듯, 동물도 가르치면 어느 정도의 기예를 부릴 수 있다. 하지만 그 이상 스스로 노력해도 뭔가 새로운 것을 만들어낼 수 없다. 만일 동물이 그 지점에 도달한다면, 이미 사람은 멀리 떨어진 달에 도달하거나 지상에서 조작 가능한 로켓을 더 먼 화성으로 쐈을 것이다.

다만 사람도 가르침을 받고 단련하지 않으면 그런 위대한 본질을 충분히 발휘할 수 없다. 그래서 사람의 능력을 살리고 그 사람의 가능성을 최대한 발휘시키기 위해서는 '가르쳐야 할 건 가르치고 단련할 때는 엄격히 단련해야' 한다. 동시에 구체적인 목표를 주고 일을 맡겨 자주적인 창의와 노력에 의해 스스로를 연마해가는 과정이 중요하다.

약관 20세의 출장소장

사람의 가능성에 대한 나 자신의 경험을 이 자리에 소개하고 싶다. 1920년대 후반 아직 우리 회사의 규모가 작았을 때 가나자와金沢에 출장소를 만들려 했다.

새로운 출장소를 만드는 일이기에 사장인 내가 직접 그 지역으로 건너가 준비하고 싶었지만, 나의 약한 몸이 그것을 허락하지 않았다. 그렇다고 아직 창업한 지 얼마 안 된 조그만 공장에서, 나 대신 그런 일을 할 만한 사람을 키워냈을 리도 없었다.

이때 내가 여러 가지를 고민한 끝에 특별히 선택한 이가 '구제舊制 중학교[21]를 나와 입사한 지 막 2년이 지난' 20세의 남자 사원이었다. 마음을 정한 뒤 그를 불러 다음과 같이 말했다.

"실은 자네에게 하나 부탁하고 싶은 일이 있네."

"네, 사장님. 무엇입니까?"

"이번에 가나자와에 출장소를 하나 내려는데 말이야, 자네가 담당 주임으로 가서 그 일을 맡아주지 않겠나? 한 2명 정도 밑에 애들을 데리고 가서 말이야."

그러자 그 사원은 짐짓 놀란 모습을 보였다. 이를 본 나는 재빨리 한마디를 더했다.

"자네도 이제 스물이야. 옛 사무라이였다면 전쟁터에서 상대방 장수의 목을 베어 오라고 이야기할 나이지. 중학교를 나와 우리 회사에서 2년간 견습 점원으로 일도 배웠으니 어느 정도 일에 대해선 알 거라 생각하네만…….

내가 개설 자금으로 300엔을 줄 테니 이를 가져가 출장소가 될 만한 지역에 사무실을 빌리게. 그리고 비즈니스 방식은 여기오사카에서 하던 것과 동일한 방법으로 진행

---

21. 1947년 학교교육법 시행 전까지 일본 남자들에 대한 중등교육을 실시하던 학교로, 학교교육법 시행 후에는 고등학교(신제)로 바뀌었다.

해보게나. 아마도 자네에게 큰 기회가 될 걸세. 반드시 잘될 터이니 너무 걱정 말고 자신감을 갖게나."

이후 그 사원은 가나자와로 향했다. 그리고선 번화가에 사무실을 하나 빌리고, 이제 막 중학교를 나온 보조원 둘을 데려가 출장소를 열었다.

그리고 그로부터 2년 뒤 나는 호쿠리쿠北陸 지역을 여행할 기회가 생겼다. 하지만 빡빡한 일정상 가나자와에 내려 머무를 수는 없었다. 당시 우리가 탄 기차가 가나자와 역에 도착했는데, 그 주임을 비롯해 출장소 인원들이 기차 플랫폼에 일렬로 서 있는 게 아니겠는가.

"어떻게 된 건가?"

내가 반갑게 묻자 그는 부끄러운 듯 답했다.

"여러모로 쉽진 않았지만, 그래도 잘 해내고 있습니다. 사람도 이렇게 늘어 사원이 7명이나 되었습니다."

2분간의 정차 시간 중 그와 나눈 짧은 대화가 그대로 작별 인사가 되고 말았다. 그 짧은 만남이 아쉬워 이후 몇 번이나 가나자와 출장소에 가보고 싶었지만 아픈 몸 때문에 갈 수 없었다. 하지만 젊은 주임 아래 업무가 순조로이 이뤄지는 듯한 모습을 보니 내 마음도 한결 놓였다.

이처럼 나는 약관 20세의 청년에게 출장소의 개설부터 경영 일체를 맡겼다. 물론 이 같은 결단은 어떤 면에서 불안한 느낌도 받았지만, 당시 마쓰시타 전기로서는 별다른 대안이 없었다. 오로지 '맡기면 해낸다'는 일념으로 노력할 뿐이었다. 그 결과 다행히도 성공을 거둘 수 있었다.

결국 사람은 그 나름의 자각으로 책임감을 느낀다면, 언뜻 무리해 보이는 어려운 일도 완수할 수 있는 힘이 생긴다. 물론 상황에 따라 다른 부분도 있고 그 나름의 훈련이 필요한 부분도 있겠지만, 그 노력이 적절하다면 이후에는 무대만 주어져도 충분한 힘을 발휘하는 법이다.

이러한 생각에 기반해 나는 비교적 과감하게 사람을 등용하고 발탁해왔다. 경우에 따라 실패한 경우도 있었지만, 대개는 성공해 나는 현재의 자리에 이를 수 있었다.

급여와 경영이념의 중요성

이어 실제로 사람을 쓰고, 사람의 능력을 살리는 과정에서 중요한 게 바로 '인간도'라는 사고방식이다. 즉, 일체의 존재를 있는 그대로 인정하고 그 위에서 적절한 처우를 해나가는 게 인간도의 기본적인 사고방식이다.

이 같은 인간도는 사람을 쓰는 과정에도 응용할 수 있다. 사람이라는 존재를 개인별로, 또는 전체로 있는 그대로 보고 그에 맞춰 다루는 것이다.

앞서도 이야기했듯, 사람은 만물의 왕이라 할 만큼 우수한 본질을 갖고 있다. 신처럼 위대한 일을 해낼 수 있고, 때로는 자신을 희생해 다른 이를 구할 수도 있는 존재가 바로 사람이다.

하지만 그런 훌륭한 면만이 사람의 전부는 아니다. 타인의 물건을 훔치거나 서로 다투고, 때로는 사람을 상처 주거나 죽이기도 하는 게 현실 속 사람의 단면일 것이다. 그런 양면성도 사람은 함께 갖고 있다. 말하자면 선과 악을 두루 갖춘 존재가 사람이라 할 수 있다. 그렇다면 사람의 실태를 있는 그대로 인정한 가운데, 사람을 어떻게 바람직한 방향으로 이끌어갈지 고민하는 게 중요하다.

만일 사람의 바람직한 면만 보고 지나치게 이상화시켜

처우하거나, 반대로 나쁜 면만 보고 사람을 왜소화시켜 버리는 것 모두 사안을 잘못된 방향으로 이끌 것이다.

옛말에 '욕심과 동행한다'는 말이 있다. 이는 '사람은 자신의 이익을 중심으로 사안을 생각하고 행동하는 면이 있다'는 뜻을 담고 있다. 같은 일을 했을 때 이익이 많은 게 좋다는 건 당연한 인지상정이다. 그래서 사람을 쓸 경우에도 급여는 많으면 많을수록 좋다고 할 수 있다. 그런 사람의 심정을 무시하고 부당하게 낮은 급여로 사람을 쓰려 한다면 저항을 부르거나, 의욕을 떨어뜨려 열심히 일하려는 생각 자체가 들지 않을 것이다. 그래서 급여는 적정·타당한 범위 내에서 가급적 높은 편이 좋다.

물론 급여만 높다고 사람이 열심히 일하느냐고 한다면 꼭 그렇지도 않다. 이는 현실에서도 자주 보고 듣는 일이지만, 두 회사 중 한쪽은 비교적 급여가 높고 다른 한쪽은 보통 수준이라고 치자. 그런 경우 급여가 높은 회사의 직원들이 기쁘게 일에 열중할 거라 생각하지만 오히려 그렇지 않고, 반대로 후자 쪽 회사의 직원들이 열심히 일했다.

그 이유를 조사해보면 후자 쪽 회사가 명확한 경영이념

을 갖고, 이를 경영자가 항시 임직원들에게 호소하고 있었다. '우리 회사는 이런 것을 지향하고 있다. 이 일을 통해 세상에 공헌해가고 있다. 그런 귀한 일을 우리가 하고 있다. 그러므로 우리에게 주어진 일을 확실히 해내야 한다'는 점을 사장이 직접 호소한다. 이를 통해 직원들은 사명감을 느끼고 기쁘고 보람차게 일에 열중해가는 것이다.

이에 비해 전자 쪽의 회사는 그런 경영이념이 명확치 않다. 그래서 직원들도 사명감을 느끼며 일하지 못해, 급여가 조금 높아도 만족감이 상대적으로 낮은 것이다.

결국 사람은 '욕심과 동행한다'는 말처럼 자신의 이익에 따라 움직이는 면과 함께, 사명감을 통해 일하는 기쁨과 만족감을 느끼는 면을 동시에 갖고 있다. 그래서 사람을 쓰더라도 급여만 높으면 되는 게 아니라 사명감도 반드시 갖도록 해야 한다.

물론 낮은 급여에 사명감만 있다면 특별한 사람이 아닌 한 불만이 생길 것이다. 따라서 보통의 사람이라면 사명감 50%, 급여 50% 정도의 비율로 생각하는 게 좋다. 이 같은 인간성을 있는 그대로 인정하면서, 그에 입각해 처우해가는 것이 적절한 사람 사용법이라 할 수 있다.

대담하게 사람을 써라

'사람이라는 존재를 있는 그대로 인정하고 적절하게 처우해간다'는 사고방식은 사람을 쓸 때 거의 모든 면에서 적용된다. 사실 사람을 쓴다는 건 이 인정과 처우가 전부라 해도 과언이 아니다. 앞서 '부하가 10명 있으면 그중 2명은 내 생각에 동조하고 6명은 중립적인 입장에 선다. 아울러 나머지 2명은 오히려 나와 반대되는 사고를 갖는다'고 말했다.

이 역시 '사람이란 그런 존재'라는 사실을 인정한 데서 출발한다. 여기에서는 그런 사실에 입각해 어떻게 하면 좋을지, 또 사람들을 어떻게 처우해야 하는지에 대해서도 한번 생각해보자.

만일 이 상황에서 '저 둘이 내 뜻에 반한다'고 고민하거나 '내 뜻에 어깃장을 놓으니 그만두게 만들겠다'고 생각하는 건 쓸데없는 짓이나 다름없다. 이는 마음껏 사람을 쓸 수 없고 충분히 달성 가능한 일조차도 불가능하게 만들어 버린다. 역시 자신의 감정에 좌우되지 않도록 사실은 사실대로 인정하면서, 그 범위 내에서 처우하는 방법을 강구해야 한다.

여기에서 나 자신의 체험담을 하나 소개하고 싶다. 그건 사업을 시작하고서 얼마 지나지 않았을 때, 직원이 50명 정도 있을 때의 이야기다. 그 50여 명의 임직원은 대부분 열심히 일했지만 그중 1명, 나쁜 짓을 하는 사람이 있었다. '물건을 속인다'고 할 순 없지만 그와 비슷한 짓을 벌이고 있었다.

앞서도 이야기했듯, 나는 다소 신경이 예민한 부분이 있어 이 사안에 대해 매우 고민했다. '50명밖에 안 되는 조직에서 이런 짓을 하는 사람이 있어서야 되겠는가. 이래선 곤란한데……'라고 생각하며 잠도 제대로 이루지 못했다. '그 사람을 그만두게 하면 어떨까.' 여러 가지를 고민하고 또 괴로워했다.

그때 갑자기 어떤 생각이 스쳤다. '지금 일본에서 나쁜 짓을 하는 사람이 얼마나 될까' 하는, 조금은 생뚱맞은 생각이었다. 소위 '법을 위반한 사람이 얼마나 될까' 하는 궁금증이었다. 가령 형법에 저촉되어 감옥에 간 사람이 10만 명 있다고 치자. 그러면 그 외 나쁜 일을 했지만 가벼운 죄이기에 봐주거나 가볍게 처벌받은 사람이 그 3배, 혹은 5배는 있을 것이다. 대충 계산해도 50만 명 정도에 이를지 모른다.

그렇다면 그런 사람을 어떻게 하면 좋을까. 물론 이들 모두를 일본에서 추방하지 않는다. 극히 나쁜 사람은 감옥에 넣지만, 나머지는 말로 타이르거나 심하지 않으면 갱생의 기회를 한 번 더 주기도 한다.

당시는 아직 전쟁 이전이었기 때문에 일본인들은 왕을 거의 신처럼 모셨지만, 그런 왕의 힘으로도 죄인의 수를 줄일 수 없었다. 그럼 죄인을 어떻게 했을까. 죄질이 극도로 나쁜 사람은 감옥에 넣어 격리시키면 되겠지만, 그만큼에 이르지 않는 사람을 격리까지 시키진 않는다. 그것이 바로 현대 일본의 모습이다.

그렇다면 일본이라는 국가 속에서 일하는 내가 좋아하는 사람만 골라 쓰겠다는 건 어떨까. 아마도 지나치게 자기중심적으로 비칠지 모른다. 많은 사람을 쓴다면 좋지 않거나 마음에 들지 않는 사람도 어느 정도는 받아들여야 한다. 한 나라의 왕의 힘도 이르지 못하는 부분을, 평범한 내가 억지로 어떻게 하려 해선 안 되는 것이다.

그렇게 생각하자 갑자기 머릿속이 개운해지며 기분이 좋아졌다. 지금까지 '저런 녀석은 안 되겠구만……' 하고 생각하던 사람들도 기꺼이 받아들이게 되었다.

'이런 일로 괴로워해선 안 된다. 더 큰 일을 해야 하는 데, 좋은 사람만 모아 일하겠다는 건 너무 자기중심적인 생각이다. 앞으로 몇천, 몇만 명 수준까지 조직이 커지면 어느 정도의 사람은 반드시 회사에 충실하지 못한 사람도 나올 것이다. 하지만 그런 현실을 있는 그대로 받아들이지 못하면 회사를 이끌어가기 힘들다.'

이를 통해 나는 그 사람을 그만두게 하지 않고 그저 훈계하는 수준에서 마무리지었다. 그리고 그런 현실 인식을 갖게 되면서 비로소 사람도 대담하게 쓸 수 있었다.

재미있는 건 그런 생각을 갖고 대담하게 사람을 써보면 실제로 회사를 망칠 것 같은 나쁜 사람이 거의 나오지 않는다는 사실이다. 물론 일부 잘못을 범하는 사람은 있지만 소위 대세를 뒤엎을 만큼 잘못된 일은 거의 벌어지지 않았다.

역시 많은 이들이 모인 사회 속에는 다양한 사람이 존재한다. 매우 훌륭한 사람이 있는가 하면, 별로 바람직하지 않은 사람도 있다. 이에 대해 자신의 감정에 따라 '이건 좋지만 저건 나쁘다'고 일희일비하다 보면, 그곳에 괴로움이나 번민이 생기게 된다. 혹은 그 사람을 미워하고 그만두게 하려는 마음에 조직 내 트러블을 야기하는 경우도 적지 않다. 사람을 채용해서 쓸 때 필요 이상으로 마음을 쓰다 보면 반드시 안 좋은 결과가 생기기 마련이다.

따라서 '사람이라는 존재의 현실을 있는 그대로 인정하는 것'이 무엇보다 중요하다.

적재적소를 실현하기 위해

이와 함께 가장 중요한 것이 '사람의 개성'이다. 사람은 기본적으로 한 명 한 명 모두 다르다. 얼굴 형태는 물론,

기질이나 생각 모두 각자의 독자적인 색깔을 갖고 있다. 사람의 본질이란 면에서는 같지만 개성, 인간미 등은 10인10색 모두 다르다.

그러므로 사람의 능력을 제대로 살려 쓰려면 그런 한 명 한 명의 개성, 인간미에 맞춰 사용해야 한다. 힘 좋은 사람과 손기술이 좋은 사람이 있다고 치자. 이때 책임자는 힘 좋은 사람에게 힘과 관련된 일을, 손기술이 좋은 사람에게 세세한 작업을 요하는 일을 시키면 된다. 만일 그에 맞지 않은 일을 준다면 당사자들도 곤란하고 일의 성과도 오르기 어렵다.

내가 새삼스레 이야기하지 않아도, 이런 내용은 이미 '적재적소'라는 말로 통용되면서 현실에서도 일정 부분 실천되고 있다. 적당한 인재가 적당한 장소에 놓이면 그 사람 본인이 가진 매력을 살릴 수 있기 때문에 그만큼 기쁨도 크다. 그리고 일의 성과도 올라 다른 사람에게도 플러스가 된다. 따라서 적재적소는 자타 공히 행복을 낳는 것이다.

그리고 그 적재적소를 실현해가기 위해서는 역시 개개

인의 인간미를 있는 그대로 보는 노력이 필요하다. 그 사람의 매력을 있는 그대로 보고, 그 매력을 아는 단계에서 모든 게 시작된다. 그때 비로소 처음으로 매력을 살리고 그 사람을 제대로 활용하는 방법까지 생각해볼 수 있다. 하지만 그런 매력을 있는 그대로 보지 않고 자신의 좋고 싫음이라는, 지극히 사적인 감정으로 판단하다 보면 적재적소는 실현되기 어렵다.

'인간관', '인간도'라는 사고방식의 바탕에는 '이 세상에 존재하는 건 모두 본질적으로 사람에게 도움이 되는 것'이란 생각이 있다. 물론 오늘날 과학 지식으로는 아직 그 도움이 되는 방식을 다 해명하지 못했다. 하지만 앞으로 시간이 지나 과학이 더욱 발달하면 그 나름대로 활용할 길을 찾을 수 있을 것이다.

사람도 마찬가지로 원칙적으로는 모든 사람이 어떤 장점을 갖고 있고, 반드시 어떤 형태로든 살릴 수 있어야 하는 것이 중요하다. 그런 눈으로 각자가 가진 매력을 제대로 살펴야 한다.

물론 현실 속 경영에서는 여러 가지 문제로 인해 적재

적소를 100% 실행하기 어려운 면도 있다. 하지만 각자가 가진 매력을 먼저 인정하고, 모든 사람의 능력을 제대로 살릴 수 있도록 일을 맡기는 게 중요하다.

중지를 모으며

마지막으로 또 하나 중요하다고 여기는 점이 있다. 앞서 든 '인간관', '인간도' 관련 글에서도 강조한 '중지'다.

나는 '사람의 위대함은 한 개인이 가진 작은 지혜가 아니라, 널리 사람들의 지혜를 모아 중지에 기반해 일을 해나갈 때 비로소 발휘된다'고 생각한다. 아무리 훌륭한 사람이라고 해도, 그 전체의 지혜보다 낫기에는 일정한 한계가 있다. 그 한정된 지혜에만 의존해 일을 진행하다가는 막대한 실패와 잘못을 범할지 모른다.

여러 사람에게 상담하고 가르침을 받으며, 또 그것을 받아들이고 자기 나름대로 곱씹는다. 이를 통해 비교적 잘못이 적은 쪽으로 안전하게 일을 해나갈 수 있다.

나 자신은 학문과 지식이 별로 없다. 그래서 끊임없이

주위 사람들에게 배우며 일을 해왔다. 어떤 경우든, 말단 직원에게도 "자네, 이것에 대해 어떻게 생각하는가?" 항상 상담조로 물으며 일을 해왔다.

말단 직원만이 아니라 단골거래처의 사람에게도 여러 가지를 물었다.

"이번에 이런 제품을 만들려하는데 가격은 얼마 정도가 좋을까요?"

이처럼 장사를 막 시작했을 때는 가격 하나조차 항상 묻고 또 물었다. 그렇게 하면 장사의 베테랑들인 상대는 '이 정도면 괜찮을 거 같다'고 가르쳐줬다.

그렇게 항상 사람들에게 물으면서 일을 해온 덕에, 나는 비교적 적은 지식으로도 큰 문제없이 일을 수행할 수 있었다.

물론 점차 조직이 커지자 그동안 일일이 상담하던 것도 더 이상 어려워져, 형태상으로는 나 혼자만의 판단으로 일을 진행시키는 경우가 많아졌다. 하지만 그런 경우에도 정말로 내 독단적인 판단으로 하는 일은 거의 없었다. 겉보기에 상담하거나 의견을 묻지 않는다고 해도, 정신적으로는 항상 모두의 생각을 듣고 상담하면서 일해 왔다. 말하자면 무형의 중지를 모은 것이다.

혹은 기본 방침만 제시하고, 이후에는 관련 업무 일체를 각 담당자들에게 맡겼다. 그러자 각 담당자들이 자유로이 아이디어를 내놓으며 일을 해줬기 때문에 그 지혜를 살릴 수 있었다. 그런 점 또한 회사 전체적으로는 중지를 모으며 경영하는 모습이라 할 수 있다.

결국 그때그때마다 형태는 다르지만, 끊임없이 회사 내외의 중지를 모으며 일해 온 것이 나의 경영방식이다.

이처럼 오늘날의 내가 가능했던 것도 비단 나 혼자만의 힘 때문이 아니다. 모두의 중지로 이뤄낸 성취이자 결과물이나 다름없다. 나에게 조금이나마 공적이 있다면 그렇게 '중지를 모아 일을 해나가야 한다'는 마음가짐을 가지며 그저 열심히 일해 온 것뿐이다.

중지를 모아 경영하면 일의 성과가 오름은 물론 각 담당자들이 성장해 한 인격체로서도 제대로 살아갈 수 있다. 책임자에게 '중지를 모아 일을 해나가자'는 마음가짐만 있다면, 부하들은 각자가 가진 지혜와 역량을 최대한 발휘해 줄 것이다. 그것을 끊임없이 반복해나가는 가운데 부하의 지혜도, 회사의 경쟁력도 점점 더 좋아질 것이다.

능력이나 수완이 우수한 상사 아래서 부하가 반드시 잘 클 것 같지만 꼭 그렇지도 않다. 오히려 평범한 상사라도, 자주 부하의 의견에 귀 기울이는 상사 밑에서 일하는 사람이 더 성장한다.

바로 이것이 내 경험이고 내가 직접 보고 들은 결과였다. 역시 사람을 쓰는 사람이라면 '중지를 모은다'는 점을 누구보다 명확히 인식해야만 한다. 그리고 그런 중지야말로 사람의 본성에 맞춰 그 위대함을 발휘시키는 근본적인 힘, 원동력이 될 것이다.

나는 이 책에서 그것을 가장 강조하고 싶었다.

부록 마쓰시타 고노스케 연보

연도	연령	주요 사건
1894년		11월 27일 와카야마현에서 출생
1899년	4세	아버지의 사업 실패로 와카야마 시내로 이주
1904년	9세	초등학교 4학년 때 중퇴 홀로 오사카로 나와 곤로 상점에서 더부살이
1905년	10세	자전거 상점에서 더부살이
1906년	11세	아버지 병으로 사망
1910년	15세	오사카 전등(주)에 견습공으로 입사
1911년	16세	견습공에서 최연소 공사 담당자로 승진
1913년	18세	어머니 병으로 사망
1915년	20세	당시 19세의 이우에 무메노와 결혼
1917년	22세	공사 담당자에서 최연소 검사원으로 승진
		오사카 전등(주)을 퇴사, 소켓 제조 · 판매에 착수
1918년	23세	3월 7일 오사카시 기타구에 '마쓰시타 전기기구 제작소' 설립
		접속 플러그, 이등용 플러그 등의 제조 · 판매 시작
1923년	28세	포탄형 전지식 자전거 램프를 고안, 발매
1925년	30세	연합구회 의원 선거에 입후보해 2위로 당선
1927년	32세	각형 램프에 처음으로 '내셔널(National)' 상표를 붙여 발매
1929년	34세	'마쓰시타 전기제작소'로 개칭. 강령 · 신조를 제정해 기본방침 명기
		세계대공황을 맞아 반일근무, 급여 전액지급 등으로 불황 위기 극복

연도	연령	주요 사건
1931년	36세	라디오 수신기가 NHK도쿄의 라디오세트 콩쿠르에서 1위 등극
		건전지의 생산 개시
1932년	37세	5월 5일을 창업기념일로 제정하고 제1회 창업기념식 거행
1933년	38세	사업부제 실시
		조회, 저녁회의 등을 전 사업소에서 실시
		오사카 카도마 지역으로 본사 이전
		'마쓰시타 전기의 5정신' 제정(1937년 7정신으로 변경)
1934년	39세	마쓰시타 전기의 점원 양성소를 개교하고 그 소장직에 취임
1935년	40세	마쓰시타 전기제작소를 주식회사 조직으로 변경 분사제로 변경
1940년	45세	제1회 경영방침발표회를 개최(이후 매년 개최)
1943년	48세	군부의 요청으로 마쓰시타 조선, 마쓰시타 비행기를 설립
1945년	50세	종전 8월 16일 간부 사원들을 모아 평화산업으로의 복귀를 호소
		8월 20일 〈마쓰시타 전기 전 종업원에게 고한다〉는 특별훈시 하달
1946년	51세	마쓰시타 전기, 마쓰시타 고노스케가 GHQ로부터 재벌 지정, 공직 추방
		전국 대리점, 사내 노조가 공직추방 제외를 위한 탄원 운동 전개
		11월 3일 PHP연구소를 창설하고 그 소장직에 취임
1949년	54세	기업 재건 합리화를 위해 첫 희망퇴직자 배출
		부채가 10억 엔에 이르러 '세금 체납왕'이라 보도

연도	연령	주요 사건
1950년	55세	각 제한 해제로 인해 상황 호전, 회사 경영도 위기를 벗어남
		긴급 경영방침발표회에서 '경영 재건'을 선언
1951년	56세	연두 경영방침발표회에서 '제2의 창업' 선언
		제1회, 제2회 유럽·미국 시장 시찰
1952년	57세	유럽으로 건너가 네덜란드 필립스와의 기술제휴 체결
1961년	66세	마쓰시타 전기산업(주) 사장에서 물러나, 회장으로 취임
1962년	67세	《타임》지 커버스토리로 전 세계에 소개
1964년	69세	아타미에서 전국 판매회사·대리점 사장 간담회 개최
1968년	73세	마쓰시타 전기 창업 50주년 기념식 거행
1972년	77세	《인간을 생각한다−새로운 인간관의 제창》 간행
1973년	78세	마쓰시타 전기산업(주) 회장에서 물러나, 고문으로 취임
1979년	84세	(재)마쓰시타 정경숙을 설립하고 이사장 겸 숙장으로 취임
1981년	86세	훈1등 욱일대수장을 수상
1982년	87세	(재)오사카 21세기협회 회장에 취임
1983년	88세	(재)국제과학기술재단을 설립하고 그 회장직에 취임
1987년	92세	훈1등 욱일동화대수장을 수상
1988년	93세	(재)마쓰시타 국제재단을 설립하고 그 회장직에 취임
1989년	94세	4월 27일 오전 10시 6분 세상을 떠남

중앙경제평론사 Joongang Economy Publishing Co.
중앙생활사 | 중앙에듀북스 Joongang Life Publishing Co./Joongang Edubooks Publishing Co.

중앙경제평론사는 오늘보다 나은 내일을 창조한다는 신념 아래 설립된 경제 · 경영서 전문 출판사로서
성공을 꿈꾸는 직장인, 경영인에게 전문지식과 자기계발의 지혜를 주는 책을 발간하고 있습니다.

경영의 신 마쓰시타 고노스케 사업은 사람이 전부다 〈최신 개정판〉

초판 1쇄 발행 | 2015년 10월 27일
초판 9쇄 발행 | 2021년 2월 10일
개정초판 1쇄 발행 | 2023년 3월 20일
개정초판 2쇄 발행 | 2023년 11월 15일

지은이 | 마쓰시타 고노스케(松下幸之助)
옮긴이 | 이수형(SooHyung Lee)
펴낸이 | 최점옥(JeomOg Choi)
펴낸곳 | 중앙경제평론사(Joongang Economy Publishing Co.)

대 표 | 김용주
편 집 | 한옥수 · 백재운 · 용한솔
디자인 | 박근영
인터넷 | 김회승

출력 | 케이피알 종이 | 에이엔페이퍼 인쇄 | 케이피알 제본 | 은정제책사

잘못된 책은 구입한 서점에서 교환해드립니다.
가격은 표지 뒷면에 있습니다.

ISBN 978-89-6054-311-9(03320)

원서명 | 事業は人なり-私の人の見方 · 育て方

등록 | 1991년 4월 10일 제2-1153호
주소 | ⑨ 04590 서울시 중구 다산로20길 5(신당4동 340-128) 중앙빌딩
전화 | (02)2253-4463(代) 팩스 | (02)2253-7988
홈페이지 | www.japub.co.kr 블로그 | http://blog.naver.com/japub
네이버 스마트스토어 | https://smartstore.naver.com/jaub 이메일 | japub@naver.com
♣ 중앙경제평론사는 중앙생활사 · 중앙에듀북스와 자매회사입니다.

도서
주문 | www.**japub**.co.kr
전화주문 : 02) 2253 - 4463

https://smartstore.naver.com/jaub
네이버 스마트스토어

중앙경제평론사/중앙생활사/중앙에듀북스에서는 여러분의 소중한 원고를 기다리고 있습니다. 원고 투고는 이메일을
이용해주세요. 최선을 다해 독자들에게 사랑받는 양서로 만들어드리겠습니다. **이메일** | japub@naver.com